EBS 지식채널 ⓔ × 부모의 탄생

빈센트 반 고흐, 「밀레를 따른 첫 걸음」, 캔버스에 유채, 72.4×91.1㎝, 1890, 뉴욕 메트로폴리탄 미술관

EBS 지식채널 ⓔ × 부모의 탄생

지식채널 ⓔ 제작팀 지음

EBS BOOKS

Being Parents

PART 1

LEARNING

돌이킬 수 없는 변화의 시작

PART 2

GROWING

모든 순간이 성장을 위한 밑바탕

L E A R

PART

1

돌이킬 수 없는 변화의 시작

N I N G

20센티미터의 다정함

재능을 잃어버릴 여유가 없다

삶에서 꼭 필요한 것

종일반 가족

우리 시대의 공동육아

LEARNING

01

20센티미터의 다정함

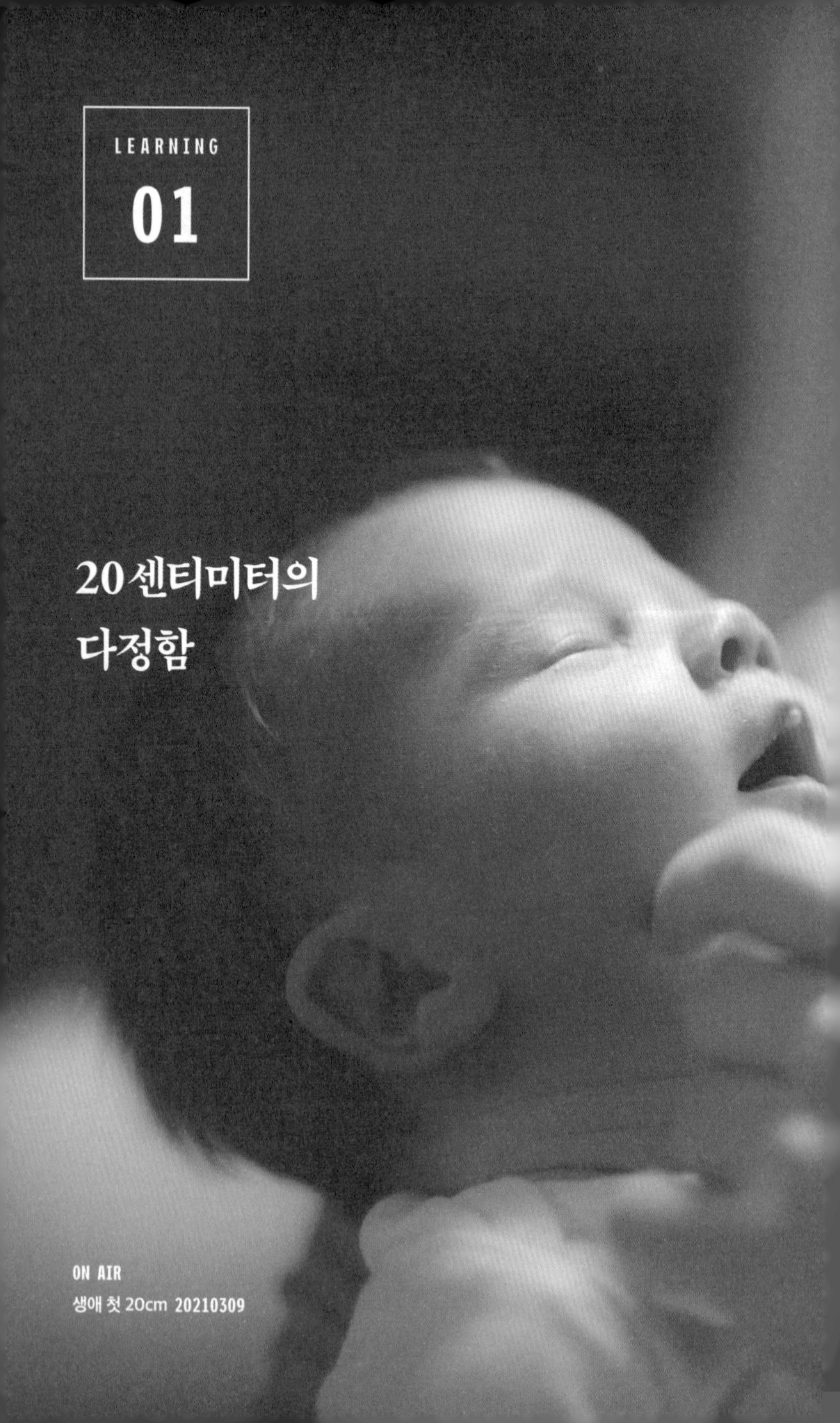

ON AIR

생애 첫 20cm 20210309

말보다 앞선 부모와 아이의 언어

우리는 보고 듣고 맛보며 세상을 받아들인다.
그중 80퍼센트의 정보가 집중되는 감각기관이 바로 눈.
대화를 나눌 때 상대방의 눈을 바라보면 내용을 더 오래
기억할 수 있다고 한다.

태어나 처음으로 세상과 눈을 마주치던 순간,
아기는 수많은 정보를 접하게 된다.
갓 태어난 아기의 시력은 아직 완전하지 않다.
흐린 눈으로 아기가 바라볼 수 있는 거리는
안아주는 사람을 바라볼 수 있는 20센티미터 정도다.

아기가 부모와 눈을 맞출 때 아기에겐 어떤 변화가 일어날까?
부모와 아이는 서로 눈을 맞추며 뇌파를 교환하는데 이는 아이에게 긍정적인 영향을 미친다.

케임브리지대학교의 빅토리아 레옹Victoria Leong 교수에 의하면 성인과 아이 사이에 같은 패턴의 뇌파 교환이 활발히 이루어졌을 때 아이의 소통과 정서, 학습능력 등이 높아진다고 밝혔다.

아이는 부모의 시선을 통해 자아 이미지를 형성한다.
시선을 맞추고 체온을 나누며 아기와 부모 사이에는 향후 삶에 바탕이 될 애착과 신뢰가 싹튼다.

다정하게 웃으며 바라봐주는 엄마를 보며 아이는 느낀다.

“엄마가 나를 바라보며 웃는구나.
나는 사랑받는 사람이야.”

기분이 좋지 않은 엄마를 느끼며 아이는 생각한다.

"엄마의 눈빛이 무섭고 나를 거칠게 만져.
나는 소중하지 않은 아이인가 봐."

결코 사소하지 않은, 어쩌면 모든 것을 바꿔놓을 수도 있는 눈 맞춤이다.
말보다 앞서, 가장 먼저 시작된 부모와 자녀의 언어다.

"아이의 실존은 부모의 응시에 의해 조각된다."

— 이승욱, 정신분석가 · 『천 일의 눈맞춤』 저자

참고 문헌 및 자료

이승욱, 『천 일의 눈맞춤』, 한겨레출판사, 2021 | 마이클 엘스버그, 『눈맞춤의 힘』, 변영옥 옮김, 21세기북스, 2011 | 「'아이콘텍의 힘', 대화에 집중하게 하려면 '눈 마주쳐라'」, 《이데일리》, 2016년 10월 1일 | 「아기의 시선에 비친 세상… 신생아 12달 시력 변화」, 《서울신문》, 2017년 1월 19일 | 「아기는 '눈맞춤' 통해 성장한다」, 《사이언스타임즈》, 2017년 11월 30일

눈은 마음의 거울이다

심리학자 앨버트 메러비언Albert Mehrabian은 사람들이 소통을 위한 상호작용을 할 때 손짓과 표정, 눈짓과 같은 비언어적인 수단을 더 많이 쓴다는 것을 밝혀냈다. '메러비언의 법칙Law of Mehrabian'에 의하면 소통을 할 때 비언어적인 요인은 93퍼센트에 가깝게 영향을 끼치지만 언어적인 요인은 겨우 7퍼센트만 영향을 미친다고 한다. 그중 눈 맞춤은 비언어적 태도 중에서도 특히 중요하다.

눈 맞춤이 얼마나 중요한지를 보여주는 실험이 하나 있다. 1986년, 미국에서 서로 모르는 남녀 48명을 모집한 후 A그룹에는 특별한 조건을 제시하지 않은 채 있으라고 지시했고, B그룹에는 상대방의 눈을 2분 동안 바라보도록 했다. 2분 후 A그룹과 달리 B그룹에서는 서로에 대한 호감도가 상승했다.

'눈은 마음의 거울'이라는 속담도 있듯, 우리는 대화 상대와 눈을 맞추며, 상대방을 존중하고 있음을 드러낼 수 있을 뿐 아니라 대화에 집중하고 있다는 것을 보여줄 수 있다. 아이와의

아이와 눈을 맞추며
대화를 이어가면
아이는 존중받는다는
느낌을 받는다.
아이는 말보다
더 확실하게
눈 맞춤을 통해
부모의 사랑을
확인한다.

대화에서도 마찬가지다. 아이와 눈을 맞추며 대화를 이어가면 아이는 존중받는다는 느낌을 받는다. 아이는 눈 맞춤을 통해 말보다 더 확실하게 부모의 사랑을 확인한다. 따뜻한 시선으로 바라보며 대화하고 눈 맞춤으로 공감해줄 때 아이는 성장한다. 반대도 마찬가지다. 아이에게 강압적인 눈빛을 보내면 아이는 위축된다. 부정적인 감정을 내포한 비언어적 표현은 아이를 불안하게 만들 수 있다.

스마트폰이나 텔레비전에 시선을 뺏겨서, 혹은 청소나 설거지 등 집안일을 하느라 아이를 바라보지 않고, 이야기를 귀로만 들으며 대화를 이어가는 경우도 있다. 이때 아이는 부모에게 어떤 눈빛을 보내고 있었을까? 메러비언의 법칙에 의하면 이러한 대화를 통해 부모는 아이가 하는 이야기의 단 7퍼센트만 알아들 수 있었을 것이다.

참고 문헌 및 자료

이승욱, 『천 일의 눈맞춤』, 한겨레출판사, 2021 | 「[열린 세상] 소통의 심리 - 진정한 소통이란/곽금주 서울대 심리학과 교수」, 《서울신문》, 2011년 1월 25일 | 「아이를 향한 '비언어적 태도'를 살펴보세요!」, 《매일경제》, 2018년 7월 25일 | 「[이주연 칼럼] 눈맞춤」, 《경기신문》, 2020년 1월 1일 | 「[육아뉴스] 눈맞춤 수유 품어주기, 생후 3년 경험이 여든까지 간다」, 《한겨레》, 2016년 2월 24일 | 「아이 앞에선 '말조심'만? 표정과 손짓도 신경 써주세요」, 《베이비뉴스》, 2020년 8월 12일

모든 부모가 '부모'가 되는 것은 아니다

차를 사자마자 바로 운전할 수 있는 것은 아니다. 대학 등록금이 있다 해도 바로 대학에 갈 수 있는 것은 아니다. 운전을 하기 위해서는 운전면허증이 필요하고, 대학에 가기 위해서는 각 대학이 요구하는 만큼의 자격을 갖춰야 한다. 우리가 살며 마주하는 많은 대소사에는 '자격'이 필요한 경우가 많다.

그렇다면 부모가 되는 일은 어떠한가. 한 생명의 엄마, 아빠가 되는 일에는 특별한 자격이라는 것이 존재하지 않는다. 대부분 결혼을 하고, 자연스럽게 아이를 낳으며 부모가 된다. 때로는 계획하지 않은 임신으로 부모가 되는 경우도 있다. 이처럼 부모는 '누구나' 될 수 있다. 하지만 좋은 부모가 되는 일은 다르다. 부모의 양육 태도에 따라 아이의 삶은 판이하다. 좋은 부모가 되기 위해 '공부'가 필요한 이유다.

부모교육을 국가적인 차원에서 운영하는 나라도 있다. 이스라엘은 티팟 할라브Tipat Halav 공공센터에서 임신과 출산뿐만 아니라 부모교육 등을 무료로 제공하고 있다. 미국에서는

2006년부터 육아 교육이나 부부 갈등 극복 프로그램을 가르치는 신생아 부모교육 프로그램에 매년 2,000억 원의 예산을 투입하고 있다. 그뿐만 아니라 1964년부터 저소득층을 상대로 자녀교육 및 부모교육을 무상으로 제공하는 '헤드스타트Head Start' 운동도 진행하고 있다. 일본은 2008년부터 가정교육지원팀을 구성해 지역별 부모교육을 실시하고 있는데, 특히 사이타마현에서는 미래에 부모가 될 중고등학생까지 부모교육 대상으로 포함하고 있다는 점이 독특하다. 스웨덴도 1979년부터 '부모들의 자녀발달 및 욕구에 관한 이해력 향상', '지역 내 부모와 전문가 사이의 연결고리 형성'을 목적으로 하는 부모교육을 실시하고 있다.

이런 부모교육은 얼마나 효과적일까? 많은 전문가들은 미국의 부모교육이 아동학대 예방에 긍정적인 영향을 미쳤다고 이야기한다. 실제 미국은 아동학대에 대한 대중의 인식이 확실하게 자리 잡고 있다. 이는 실제 신고율로도 나타나는데 미국의 아동학대 신고율은 약 60퍼센트다. 우리나라의 아동학대 신고율이 29퍼센트에 그치는 것과 상당히 대조적이다. 미국의 소아과 의사들은 부모교육을 통해 자녀를 더 잘 키울 수 있다고 강조했다. 2020년, 대한민국의 아동학대 신고 건수는 3만 건이 넘었는데 가해자는 대부분 부모였다.

심각한 아동학대 사건이 알려질 때마다 많은 전문가들이 부모교육의 필요성을 이야기하지만 아직 대한민국에는 체계적인 부모교육 프로그램과 시설 등은 턱없이 부족한 실정이다. 아동학대뿐만 아니라 자식을 마치 자신의 소유물인 것처럼 대하는 부모, 사랑이라는 이름으로 상처를 주는 부모, 부족함 없이 모든 것을 다 해주지만 자립의 기회를 주지 않는 부모 등 건강하지 않은 사랑이 아이에게 독이 되는 경우도 많다.

올바르고 건강한 양육을 위해서는 부모교육이 분명히 필요하다. 사회적인 차원에서 부모교육 프로그램이 마련된다면, 모든 사람이 보편적으로 배울 수 있도록 교과과정 내에 한 번이라도 부모가 된다는 것에 대해 진지하게 생각할 수 있는 시간이 주어진다면, 우리 사회의 아이들이 조금 더 행복하게 자랄 수 있지 않을까?

참고 문헌 및 자료

「부모 자격 시험이 있다면?」, 《주간포커스》, 2014년 10월 31일 | 「젊은 부모 아동학대 급증…전문가 "10대·20대에 예비 부모교육 필요"」, 《조선에듀》, 2018년 1월 26일 | 「[부모의 자격] 운전, 시민권 시험 보듯 부모 자격증도 필요해」, 《헤럴드경제》, 2016년 2월 17일

LEARNING

02

재능을 잃어버릴 여유가 없다

ON AIR

핀란드의 실험 제2부 더 많은 차별 20091217

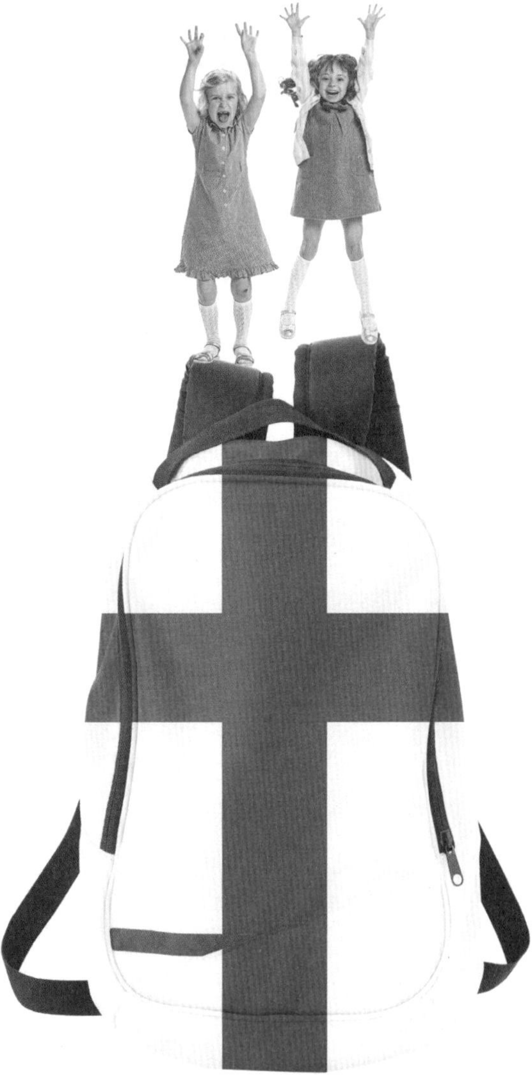

경쟁 대신 목표를 세우는 교육

학교에 입학한 모든 아이가 같은 출발선에 서지 못한다.
가정환경, 부모의 능력 등에 따라
아이들의 출발점이 달라진다.
그러니 애초에 공정한 경쟁이란 있을 수 없다.

그런데 경쟁을 금지하는 국가가 있다.
바로 핀란드.
핀란드 학생들에게도 성적표는 있다.
하지만 등수는 없다.

성적표에는 등수 대신 각자의 수준에 맞게 설정한 목표를
얼마나 달성했는지가 표시된다.
경쟁 대상은 친구가 아니라 바로 나 자신이다.

핀란드에서는 초·중·등 9년의 교육 과정을 마치면
단 한 번의 시험이 치러진다.
시험의 목적은 뛰어난 학생을 발굴하기 위한 것이 아니다.
단 한 명의 낙오자도 없어야 한다는 목표 아래
'더 못하는 아이'를 가려내기 위해서다.
'더 못하는 아이'에게는 1.5배의 예산을 들여 추가로
공부를 시킨다.

잘하는 학생보다 못하는 학생에게 더 관심이 많은 국가,
핀란드.
핀란드에서 차별은 차이를 넓히는 것이 아니라 차이를
좁히는 도구다.
전 세계가 경쟁을 기반으로 목표를 향해 뛰어갈 때
핀란드는 오히려 거꾸로 가고 있는 셈이다.

"자원이 부족한 작은 나라가 살아남기 위해서는

어느 아이의 재능이든 잃어버릴 여유가 없다."

— 에르끼 아호, 핀란드 전 국가교육청장

핀란드가 받은 성적표는 다음과 같다.

세계에서 가장 낮은 학생 간 학업성취도 편차 1위.

OECD 주관 국제학업성취도평가 PISA 연속 1위.

무엇이 이 나라 학생들을 똑똑하게 만드는가

핀란드와 대한민국은 닮은 점이 참 많다. 오랜 가난과 피지배 역사를 가지고 있다는 점(핀란드는 스웨덴에 650년, 러시아에 108년 동안 지배당했다), 한국전쟁과 같은 동족상잔의 이념 전쟁을 겪었다는 점(핀란드는 1918년에 겪었다), 폐허가 된 땅 위에서 초고속 성장을 이뤘고 그 후 올림픽을 치렀다는 점(핀란드는 제2차 세계대전 당시 소련과 두 번에 걸쳐 전쟁을 치렀고, 종전 7년 만인 1952년 헬싱키올림픽을 성공리에 개최했다. 우리는 '한강의 기적' 이후 1988년에 서울올림픽을 치렀다). 그중에서도 눈에 띄는 닮은 점 중 하나는 교육에 관한 커다란 관심이다.

《타임》의 저널리스트인 아만다 리플리Amanda Ripley는 『무엇이 이 나라 학생들을 똑똑하게 만드는가』에서 한국과 핀란드는 공통적으로 '교육을 대하는 진지하고 엄격한 태도'를 갖추고 있다고 말한 바 있다. 그도 그럴 것이 핀란드와 우리나라 둘 다 이렇다 할 자원이 없는 나라다. 사람이 가장 큰 자원이다 보니 자연스레 교육에 대한 관심이 높았다. 하지만 두 나라의 교육에 대한 관심은 서로 매우 다른 방식으로 발현되었다.

핀란드가 철저한 공교육 위주의 교육을 하고 있다면 우리나라는 사교육 의존도가 높다. '단 한 명도 낙오하는 아동이 없게 하자'는 핀란드의 교육방식과 달리 우리는 어려서부터 경쟁 구도에서 자란다. 핀란드는 빈부와 지역에 상관없이 아동들이 수준 높은 교육을 받도록 정부와 의회, 지방자치단체가 협업한다. 정부 예산 중 교육 분야의 지출이 무려 21퍼센트에 이를 정도로 교육에 과감하게 투자하며, 뒤처지는 학생에게는 더 많은 투자를 통해 상향평준화를 이끌어낸다. 이는 학생 개인에게만 해당하지 않고, 학교에도 해당한다. 외딴 곳에 위치한 시골 학교에는 도시 학교보다 더 많이 지원해 학교 간의 교육 수준의 차이를 최소화한다. OECD 국가들의 평균 학교 간 격차가 34퍼센트인 데 비해 핀란드는 5퍼센트에 불과하다.

시험 등의 평가나 경쟁 없이, 사교육 없이도 세계 최고의 실력을 보여준 핀란드의 교육방식은 '교육의 유토피아'라고 불릴 정도로 이상적인 모델로 자리 잡았다. 실제로 OECD 〈2012 국제학업성취도평가〉 보고서에 따르면 우리나라 학생들의 사교육 참여시간은 주당 3.6시간(15세 기준)으로 OECD 회원국 중 가장 길었다. 하지만 핀란드는 주당 6분이었다. 학생들의 수면시간 또한 한국은 7.47시간, 핀란드는 8.52시간이다. 핀란드는

OECD 국가들의 평균
학교 간 격차가
34퍼센트인 데 비해
핀란드는 5퍼센트에 불과하다.

OECD가 주관하는 국제학업성취도평가에서 2000년, 2003년, 2006년 연속으로 1위를 차지했다.

이에 우리나라도 핀란드의 교육 방식에 큰 관심을 기울였다. 핀란드 교육에 대한 기사와 텔레비전 프로그램, 책 등이 쏟아졌고 우리나라의 교육방식을 비판하는 목소리도 높아졌다. 교육 전문가들은 핀란드 교육이 우수한 이유로 앞서 이야기한 누구에게나 균등한 교육의 기회와 더불어 교사들의 전문성을 꼽는다. 핀란드에서 교직은 의사나 변호사보다 더 인기 있는 직업이며, 교사가 되려면 석사학위가 있어야 하고 어려운 시험을 통과해야 한다. 교사들에게는 수업에 대한 자율권이 주어지며 학교 시찰이나 교사 평가를 하지 않는다고 한다. 교사 스스로도 직업에 대한 만족도가 상당히 높으며 지역사회의 존경을 받는다.

교육은 그 나라의 사회 문화적인 환경과 역사에 바탕을 두고 있고, 충분한 사회적 합의를 거쳐 도출된다. 해외에서 성공했던 교육 사례를 적용했을 때 같은 결과가 나온다고 보장할 수 없다. 핀란드의 교육이 이상적인 모델로 느껴진다고 하여 무작정 따라 할 수만은 없는 일이다. 그럼에도 핀란드의 교육을 주목해야 하는 또 다른 이유, 어쩌면 가장 큰 이유가 하나 더 있다. OECD가 학생들의 행복도를 조사한 결과 핀란드는 평균을 훨씬 웃도는 최상위권이었다. 반면 우리나라 학생들은 OECD 국가 중 최하위였다.

참고 문헌 및 자료

파시 살베리, 『핀란드의 끝없는 도전』, 이은진 옮김, 푸른숲, 2016 | 류선정, 나승빈, 김봉선, 정수정, 김성현 외 4명, 『세계 최고의 교육법』, 이마, 2017 | 정경화, 『세상에서 제일 우울한 동네 핀란드가 천국을 만드는 법』, 틈새책방, 2020 | 아만다 리플리, 『무엇이 이 나라 학생들을 똑똑하게 만드는가』, 김희정 옮김, 부키, 2014 | 「'차이 없음'의 수준 차이 나네」, 《한겨레21》, 2009년 2월 27일 | 「한국 학생들, 삶 만족도 세계 '꼴찌' 수준」, 《아시아경제》, 2017년 4월 22일 | 「[교육에 몰아치는 퍼펙트스톰] ④핀란드·한국 교육 교집합 찾기」, 《아주경제》, 2021년 4월 23일 | 「한국과 닮은 꼴 핀란드, 복지국가 핀란드를 주목해야 하는 이유」, 《프레시안》, 2021년 2월 8일 | 「"작은 나라, 아이의 재능을 잃어버릴 여유 없다"」, 《프레시안》, 2017년 8월 5일 | 「핀란드처럼 영유아 돌봄이 가능하다면」, 《기호일보》, 2020년 10월 26일

LEARNING

03

삶에서 꼭
필요한 것

ON AIR

너와 나의 온도 차 20200609

인간은

각자의 언어를 가지고 태어난다

—프리드리히 2세

언어를 잃은 아이들

13세기 신성로마제국의 황제였던 프리드리히 2세는
어느 날, 호기심이 일었다.
'언어를 접하지 못하고 성장한 아이는 어떻게
말하게 될까?'
황제는 궁금증을 해결하기 위해 실험을 시작했다.
갓난아이들을 대상으로 행해진 이 실험의 조건은 두 가지.

하나, 영양과 위생에 관련된 것들은 반드시 제공할 것.
둘, 아이에게 말을 거는 것은 물론 눈 맞춤이나 미소 등
모든 접촉을 하지 말 것.

프리드리히 2세는 '인간은 각자의 언어를 가지고 태어난다'고 생각했다. 그러나 그는 자신의 의문을 해결하지 못했다. 생존에 필요한 것들이 제공되었음에도 아이들은 점점 쇠약해지며 결국 모두 사망하고 말았다. 결국 이는 애정과 온기 없이는 살 수 없다는 것을 보여준 비극으로 끝났다.

양육자와 아이 사이의 정서적 친밀감을 '애착'이라고 한다. 아이가 보내는 신호를 읽고 부모가 적절하게 반응을 해줄 때 아이는 부모를 신뢰하며 안정 애착을 이룬다. 반대로 아이가 신호를 보내도 부모가 반응해주지 않거나 적절하지 않은 반응을 보이면 아이는 부모를 믿지 못하게 되고 이는 불안정한 애착으로 남는다.

이처럼 부모와의 애착을 바탕으로 내적 작동 모델Internal Working Model이 형성된다. 우리는 내적 작동 모델을 통해 '내가 누구인지, 너는 누구인지, 세상은 어떤 곳인지'를 인지한다. 안정 애착을 가진 아이는 긍정적인 내적 작동 모델을, 불안정 애착을 가진 아이는 부정적인 내적 작동 모델을 갖게 된다.

아이와의 애착 관계를 형성하는 것은 집을 짓기 전 터를 다지는 것과 같다. 부모와 함께 다진 터 위에 아이는 평생 자신만의 집을 짓는다. 당신의 집은 어떤 모습인가? 당신의 아이가 지을 집은 어떤 모습일까?

참고 문헌 및 자료

나카노 노부코, 『바람난 유전자』, 이영미 옮김, 부키, 2019 | 베르나르 베르베르, 『베르나르 베르베르의 상상력 사전』, 이세욱, 임호경 옮김, 열린책들, 2011 | 허그맘 아동심리상담센터, 『우리 아이 잘 자라고 있나요?』, 위즈덤하우스, 2018

함께해야 더 안전하다

제2차 세계대전 당시, 영국 정부는 아동들을 위해 '아동 대피 프로젝트'라는 특별한 보육 정책을 만들었다. 이는 런던 등의 대도시에 사는 어린아이들을 상대적으로 폭격의 위험이 덜한 농촌 지역으로 대피시키자는 정책이었다. 영국의 미래를 짊어질 아이들을 전쟁의 위험에서 보호하자는 취지로 영국의 왕실, 정부, 전문가들이 뜻을 모았다.

영국 정부는 대대적으로 이 정책을 홍보했다. 자녀를 농촌에 보내기 망설이는 부모에게는 '히틀러가 아이들을 대피시키지 말라는 악마의 소리를 보내고 있다. 아이들을 시골로 보내는 것이 영국의 미래를 살리는 길이다'라며 설득했다. 당시 도시 인구의 3분의 1 정도(약 375만 명)가 이 정책에 참여했고, 약 82만 7,000명의 학령기 아동과 수십만 명의 영유아들이 수개월에서 수년 동안 부모와 떨어져 단기 훈련을 받은 낯선 가정에 맡겨졌다. 아이들은 어떻게 되었을까?

결과는 참혹했다. 피난을 떠났던 아이들 중에는 병들거나 심지어 사망한 경우가 많았다. 게다가 아이들은 집에 돌아온 후에도 불안증, 우울증, 집중력 저하, 학습 곤란과 같은 문제를 겪었다. 영유아들은 전쟁 중에도 부모와 함께 있을 때 정서적으로 더 안전했던 것으로 밝혀졌다.

당시 세계보건기구WHO의 자문관이자 영국 타비스톡 인간관계 연구소 부소장이었던 존 볼비John Bowlby 박사는 영국의 아동 대피 프로젝트로 인해 부모와 갑자기 헤어진 아이들의 심리적 고통을 직접 목격했다. 그는 전쟁으로 부모와 헤어지거나 부모를 잃은 아이들을 대상으로 연구했다. 그는 기본적 욕구(먹는 욕구)보다 관계의 욕구가 생존에 더 필요하다는 것을 발견했다. 아이들에게 음식과 보살핌을 충분히 제공해도 부모와 함께 있지 않은 아이들은 다양한 문제를 보였다.

존 볼비는 비슷한 시기 행해졌던 미국의 심리학자 해리 프레더릭 할로Harry Frederick Harlow 박사의 붉은털원숭이 실험을 통해 자신의 생각을 확신했다. 할로 박사는 새끼 원숭이를 어미 원숭이로부터 분리해 두 개의 모형 어미와 함께 키웠다. 하나는 철사로 만들어 우유 병을 매달아놓은 인형이었고, 다른 하나는 부드러운 천으로 감싸 어미의 품같이 포근한 느낌을 주는 인형이었다. 새끼 원숭이들은 어떤 인형에 다가갔을까?

새끼 원숭이들은 젖을 먹는 시간을 제외하고는 대부분 부드러운 천으로 감싼 원숭이 인형 곁에 있었다. 특히 맹수의 소리를 듣고 놀라거나 위협을 느낀 경우에는 즉각 부드러운 천으로 감싼 인형에 달려가 안겼다. 이 실험을 통해 따뜻하고 부드러운 접촉이 우유보다 더 큰 위로가 되고 생명을 유지하는 안식처가 된다는 사실을 알 수 있었다.

참고 문헌 및 자료

최성애, 조벽, 『정서적 금수저와 정서적 흙수저』, 해냄, 2018 | 「[김미선 육아일기] 발달 트라우마' 야기하는 '모성 박탈'」, 《이데일리》, 2019년 1월 19일 | 「애착 금수저가 진짜 금수저죠」, 《한국일보》, 2017년 11월 15일 | 「한국인이 생각하는 '좋은 부모의 덕목'은 경제력」, 《경향신문》, 2017년 4월 4일

새끼 원숭이들은 젖을 먹는
시간을 제외하고는 대부분
부드러운 천으로 감싼
원숭이 인형 곁에 있었다.
이 실험을 통해 따뜻하고
부드러운 접촉이 우유보다
더 큰 위로가 되고 생명을
유지하는 안식처가 된다는
사실을 알 수 있었다.

LEARNING

04

종일반 가족

ON AIR

종일반 가족 20140311

함께할 시간이 줄어들고 있다

아침 6시 30분, 아이 아빠는 잠든 아이 얼굴을 보며
출근합니다.
'갚아야 할 대출금, 치솟는 물가, 동결된 임금.
아빠의 어깨가 무겁습니다.
엄마는 10년 만에 다시 이력서를 씁니다.

1996년, 맞벌이 부부 비율 25.4퍼센트
2011년, 맞벌이 부부 비율 43.6퍼센트
— 통계청

초등학교 앞에 있는 학원은 방과 후 바빠집니다.

이곳은 맞벌이를 하는 부모님 대신 아이들을 맡아주는

종일반 학원입니다.

아이들은 각자 학교 숙제를 한 후 시간표에 따라 다른

학원으로 이동합니다.

아이들이 생각하는 행복 1위, 화목한 가족

— 한국 어린이·청소년 행복지수 국제 비교, 2013년

"엄마!"

첫째 아이가 잠깐 간식을 먹으러 집에 왔습니다.

엄마가 없는 것을 알면서도 아이는 늘 엄마를 부릅니다.

첫째가 학원에 간 시간, 둘째는 유치원 종일반에 있습니다.

1993년, 취업모 자녀를 위한 국내 최초 '종일반' 유치원 시작

2013년, 서울시 690개 국공립어린이집 자정까지 보육

24시간 어린이집 전국에서 284개 운영 중

— 보건복지부, 2013년

아침 8시에 흩어졌다가 11시간 후 다시 만난 아이들과 엄마,

엄마는 앉을 새도 없이 저녁을 준비합니다.

아이들은 기다립니다.

"엄마, 근데 아빠는 언제 와? 아빠도 종일반 다녀?"

OECD 34개 회원국 중 한국 국민행복지수 33위

—「국민복지수준의 국제 비교: 경제협력개발기구OECD 국가를 대상으로」, 2014년

참고 문헌 및 자료

한국방정환재단, 연세대학교 사회발전연구소 | 남상호(한국보건사회연구원), 「국민복지수준의 국제 비교; 경제협력개발기구(OECD) 국가를 대상으로」, 2014

아이 키울 걱정 없는 나라

프랑스 남부 페르피냥에 거주하는 나탈리 로형 씨는 세 자녀를 둔 엄마다. 큰딸은 성인이고 두 아들은 각각 13세, 11세다. 로형 씨는 세 자녀를 키우면서도 꾸준히 일할 수 있었다. 프랑스에서는 자녀가 만 18세가 될 때까지 오전 7시 반부터 아이를 보육시설에 맡길 수 있었기 때문이다. 방학 때도 학교 돌봄센터는 계속 운영하기 때문에 돌봄 공백이 발생하지 않는다. 또한 공립 보육 및 교육기관에 대한 신뢰가 전반적으로 높다.

이는 학교가 끝난 후 일명 '학원 뺑뺑이'가 불가피한 우리와 상당히 대조적이다. 2022년 대한민국의 합계출산율은 0.78명이다. OECD 회원국 가운데 가장 낮을 뿐 아니라 0명대를 기록한 것도 유일하다. 대한민국 정부는 저출산 극복을 위해 2006년부터 16년간 380조 원이라는 천문학적인 예산을 투입했지만 출산율은 높아질 기미가 전혀 보이지 않는다.

그러던 중, 강원도 화천군의 합계출산율이 1.24명이어서 화제가 된 적이 있다. 화천군은 예산의 13.8퍼센트를 교육 및 복지 관련 예산으로 쓰며 '화천에서 태어난 아이는 화천이 키운다'는 기조로 적극적인 보육 정책을 펼쳐나가고 있다. 구체적으로 살펴보면 2018년부터 자녀 대학 등록금을 전액 지원하고 있으며, 화천군을 벗어나 생활하는 대학생에게는 월 50만 원 한도에서 거주공간 지원금을 지급한다. 또한 화천군 내에서 학부모의 도움 없이도 안전하게 이용할 수 있는 무료 스마트 안심 셔틀버스를 운행하고, 아이들의 하교 직후부터 부모가 돌아오는 시간까지 돌봄 서비스를 제공하는 화천복합커뮤니티센터를 조성했으며, 중·고등학생을 대상으로 한 교육지원사업도 운영한다. 화천군의 정책들은 작은 지방자치단체였기에 가능한 것들도 있었겠으나 정책의 우선순위가 철저히 수요자에 의해 결정되는 고효율 복지라는 측면에서도 주목할 만하다.

대한민국 정부는 2021년부터 2025년까지 5년간 196조 원의 예산을 저출산 극복을 위해 투입한다고 밝힌 바 있다. 그 예산이 프랑스 엄마 나탈리 로헝 씨가 이야기한 것처럼 '사회가 같이 키운다'라는 안심을 심어주는 정책에 쓰인다면 '저출산 예산은 밑 빠진 독에 물 붓기'라는 비판을 피해갈 수 있지 않을까.

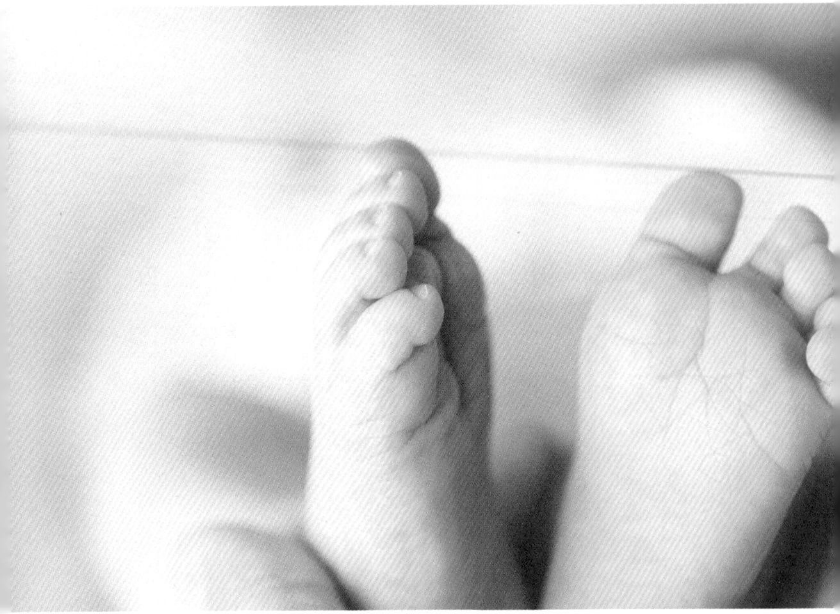

참고 문헌 및 자료

「1년 내내 육아도우미-아빠 육아할당… 출산-보육 인프라 구축이 답」, 《동아일보》, 2019년 9월 7일 | 「[이명호의 미래당겨보기] 세대별 도시 이동, 인생 2모작 도시를 만들자」, 《아시아경제》, 2021년 10월 15일 | 「[이슈 컷] 아이 키우기 가장 좋은 나라는 덴마크… 한국은?」, 《연합뉴스》, 2020년 1월 24일 | 「[이제는 지방시대] 특화된 교육·보육정책… '화천의 꿈' 쑥쑥 큰다」, 《국민일보》, 2021년 10월 11일 | 「화천 출산 연령 평균 30.2세…4년 연속 '전국 최저'」, 《강원도민일보》, 2021년 8월 27일 | 「380조 저출산 예산, '밑 빠진 독 물 붓기'라고요?」, 《노컷뉴스》, 2021년 9월 21일 | 「'합계출산율 역대 최저 0.84명' 국가존망 달린 '저출산' 해법은?」, 《노컷뉴스》, 2021년 8월 11일 | 「[칼럼] 저출산 문제해결은 국가책임 보육에서 출발」, 《데일리한국》, 2021년 4월 22일 | 「月 30만 원 영아수당… 육아휴직 부부 최대 600만 원 받는다 [저출산 대책 어떻게 달라지나]」, 《파이낸셜뉴스》, 2020년 12월 15일 | 「작년 합계출산율 '역대 최저' 0.78명… OECD 평균의 절반 못 미쳐」, 《연합뉴스》, 2023년 2월 23일

아빠 육아 전성시대

아이들이 눈을 뜨기도 전에 출근해서 아이들이 잠들고 나서야 들어오는 바쁜 아빠. 주말이면 밀린 잠을 자느라 놀아달라고 보채는 아이들을 외면하는 피곤한 아빠. 육아와 집안일에는 영 서툴고 소극적인 아빠. 몇 년 전만 해도 텔레비전에서 보는 아빠들은 이런 모습이었다.

하지만 요즘은 육아에 적극적으로 발 벗고 나선 아빠들을 육아 예능 프로그램에서 자주 볼 수 있다. 드라마 속 아빠들의 모습도 바뀌어가고 있다. 물론 대한민국의 아빠들은 여전히 바쁘고, 아침 일찍 나가 밤늦게 들어오는 경우도 많지만 적어도 아빠들의 육아에 대한 인식은 변화하고 있다. 특히 밀레니얼 세대가 부모 세대로 편입되면서 '아빠 육아'가 두드러지는 현상으로 나타나고 있다. 육아정책연구소는 '밀레니얼 세대 부모들의 요즘 육아 키워드' 6개를 뽑아 발표했는데 그중 한 가지가 '아빠 육아'였다.

예전의 아빠들이 '일' 때문에 가정에 많이 소홀했다면 요즘 아빠들은 일뿐만 아니라 일과 가족과의 생활 또한 중요하게 생각한다. 구인구직 사이트인 '사람인'의 설문조사에 따르면 밀레니얼 세대의 직장인들은 승진과 진급보다는 자신의 만족과 워라밸을 중시한다고 한다. 그래서일까. 최근 아빠의 육아휴직 신청 비율이 상당히 늘어났다. 2020년 육아휴직을 신청한 남성은 2만 7,423명으로 전년 대비 23퍼센트 늘어났으며 3년 전인 2017년과 비교하면 두 배 이상의 규모다. 전체 육아휴직자 중 남성의 비율이 24.5퍼센트로 육아휴직자의 4명 중 1명은 아빠인 셈이다.

그럼에도 양육의 남녀 배분이 크게 달라진 것은 아니다. 2019년 인구보건복지협회가 미취학 자녀를 양육 중인 20세에서 40세 남성 1,000명을 대상으로 한 '아빠들이 말하는 육아 경험과 의미'를 묻는 설문조사에 의하면 전체 양육을 10으로 보았을 때 아빠는 2.7, 엄마가 6.2, 기타 양육자가 1.1로 여전히 엄마의 육아 비율이 월등하게 높았다. 하지만 적어도 육아를 전적으로 엄마의 일로 보고 아빠는 조력자 정도로 생각했던 것과는 큰 차이가 있다. 응답자들 중 20대는 육아 배분에 있어 엄마와 아빠의 역할이 따로 있는 것이 아니라 '각자 잘하는 것'을 하면 된다고 생각했고, 30대와 40대는 역할의 구분 없이 '시간적 여유가 되는 사람이 하면 된다'고 생각하는 것으로 나

타났다. 또한 승진을 포기하더라도 적게 일하고 양육에 더 집중하고 싶다고 응답한 아빠들은 무려 52.2퍼센트나 되었다. 응답자들이 생각하는 좋은 아버지 상은 '친구 같은 아빠, 친한 아빠'(43.1퍼센트)였으며 스스로 아빠 역할에 대한 점수를 매겼을 때 100점 만점에 69.06점이라고 평가했다.

그러나 아빠들 스스로 실질적 양육 참여 평가를 했을 때 생계 책임 역할은 5점 만점에 3.55점인 반면, 양육 참여 충분성은 2.92점으로 상대적으로 낮았다. 친한 친구 같은 아빠가 되고 싶지만 정작 함께 보낼 시간은 부족하다는 이야기다. 수많은 아빠들이 아이와 즐거운 시간을 보내고 싶지만 현실은 잠깐 얼굴을 마주하기도 힘든 것이다. 육아에 대한 인식의 변화와 더불어 실제로 육아에 참여할 수 있는 시간이 여전히 필요하다.

참고 문헌 및 자료

「"승진 욕심 없고요, 편하고 싶습니다." MZ세대 워라밸에 밀린 별」, 《매일경제》, 2021년 8월 21일 | 「"나는 69점 아빠입니다" 아빠들이 말하는 육아경험의 의미?」, 《조선일보》, 2019년 8월 21일 | 「밀레니얼 아빠들의 육아법 '아이도 키우고 부모도 성장한다'」, 《한겨레》, 2021년 6월 7일

LEARNING

05

우리 시대의 공동육아

ON AIR

원시시대의 공동육아 20200930

서로를 생각하는 공동육아

할머니 할아버지 손에, 유치원 선생님 손에…….
엄마 아빠 외에 많은 이들의 도움으로 커가는 아이들.
함께 아이를 키우는 공동육아가 절대적으로 필요하다.

공동육아의 시작은 언제부터였을까?
수백만 년 전으로 거슬러 올라가보자.
새로운 환경에 적응해야 하는 인류는 뭉쳐야만
생존할 수 있었다.
그러나 함께 사냥을 나가면 새끼를 보살피고 먹이는 것이
거의 불가능했다.

“인간의 아이만큼 손이 많이 가고

느리게 자라는 새끼가 없잖아요.

먹이를 구하러 갈 동안 남아서

아이를 돌볼 사람이 필요했을 겁니다.”

— 이준호, 『과학이 빛나는 밤에』 저자

이제 부모가 아닌 제3의 존재가 아이들을 돌보는 일이 시작되었다.

인류학자 세라 블래퍼 허디Sarah Blaffer Hrdy의 협동육아 가설에 의하면 대형 유인원 가운데 유일하게 협동적 육아를 실천한 것이 인류였다. 이렇게 인류는 자연스럽게 협동능력을 발달시키고 언어를 사용하기 시작하면서 인류의 또 하나의 능력인 이타성을 발전시켰다.

“이기적으로 경쟁하기보다는

도덕적 능력을 발휘한 인간 집단이

다른 집단에 비해 생존 가능성이 높았다.”

— 마이클 토마셀로, 영장류학자

인류는 원시시대의 공동육아를 시작으로 협동의 유전자를 타고나게 되었다. 공동육아로 커가는 아이들은 다양한 관계 속에서 사회적 지능을 발달시켰다.
이렇게 자란 인류는 어려움에 빠진 낯선 존재를 돕는 데 앞장서게 되었으며 결국 사회적 동물이 되어 지금의 세상을 이룰 수 있었다.

참고 문헌 및 자료

「인간의 이타성은 어디에서 유래할까?」, 《생명과학 KISTI》, 2014년 8월 29일

아이 한 명을 키우려면 온 마을이 필요하다

'아이 한 명을 키우려면 온 마을이 필요하다'라는 아프리카 속담이 있다. 그만큼 육아에 있어 공동체의 역할이 크다는 뜻이기도 하다. 예전에는 온 마을이 같이 키우는 육아가 가능했다. 이웃집 아이가 놀러 오면 끼니에 맞춰 밥을 먹여 보내기도 하고, 한 집에 모여 동네 아이들끼리 같이 숙제도 하고 놀았다. 잠깐 일이 생기면 아이를 이웃집에 맡기고 다녀오는 일도 드물지 않았다.

이와 대조되는 신조어가 바로 '독박육아'다. 다른 사람의 도움 없이 혼자서 어린아이를 기르는 일을 비유적으로 이르는 말이다. 고립된 육아로 요즘 엄마들은 몸과 마음이 고단하다. 급한 일이 생겨도 아이들을 동반하고 외출해야 하며, 거리가 멀거나 아이와 함께 가기 어려운 장소는 아예 갈 엄두조차 내지 못한다. 이런 부모들에게 함께 아이를 키우는 '동네 친구'가 있다면 얼마나 좋을까?

여러 대안이 있을 수 있지만 '공동육아'도 그중 하나의 답이 되어줄 수 있다. 이를 위해 여성가족부에서는 '공동육아나눔터'를 만들었다. 공동육아나눔터는 2010년 5개 지역에서 시범사업을 실시한 이래 전국 279개소를 운영하고 있다. 공동육아나눔터는 지역 주민들이 함께 아이를 돌볼 수 있도록 안전한 공간을 제공해 양육 부담을 줄여주는 역할을 한다. 사설 문화센터처럼 아이들을 위한 프로그램을 운영하기도 하고, 장난감과 책 등을 구비해 엄마와 아이가 편안하고 즐거운 시간을 보낼 수 있도록 돕는다. 공동육아나눔터에서 아이들은 또래 친구와 만나 놀며 사회성을 발달시키고, 부모들도 다른 부모들과 소통하며 스트레스를 해소하고 심리적 위안을 얻을 수 있어 긍정적이라고 전문가들은 평가한다. 공동육아나눔터의 이용자 만족도 역시 2019년 기준 88.6퍼센트로 높다. 그러나 아직 공동육아나눔터의 수가 많이 부족한 것이 현실이다.

아예 개인이 직접 공동육아를 시작해볼 수도 있다. 온라인 육아 커뮤니티나 아파트 커뮤니티, SNS를 통해 직접 인원을 모아 육아를 함께하는 모임이다. 일명 품앗이 육아로, 힘든 일을 서로 거들어주면서 품을 지고 갚는 품앗이를 육아에 적용한 개념이다. 서울 구로구 항동에는 '항함크'라는 모임이 있다. '항동에서 아이와 엄마가 함께 크자'라는 뜻을 가진 단어다. 같은 아파트 주민들로 구성된 이 모임은 만 3세에서 11세의 자녀를 키우는 부모들로 구성되어 있고, 총 38명의 부모와 60명의 아이가 참여하고 있다. 항함크 활동을 하는 부모들은 서로 돌아가며 재능기부의 형태로 아이들을 돌본다. 항함크뿐만 아니라 인터넷에 '품앗이 육아'를 검색하면 항함크처럼 뜻이 맞는 부모들이 함께 육아를 하는 품앗이 육아 사례를 어렵지 않게 찾을 수 있다.

지방자치단체에서 품앗이 육아를 지원하기도 한다. 개인 단위로 신청을 받아 그룹을 만들어주기도 하고, 세 가정 이상의 그룹을 만들 수 있는 경우에는 그룹 단위로 신청을 받기도 한다. 지방자치단체마다 지원 내용은 조금씩 다르지만 활동비나 프로그램 등을 지원한다. "육아를 공유하는 동지가 있다는 게 가장 큰 힘이 됐어요." 충남 천안시에서 품앗이 육아를 5년째 하고 있는 경험자의 이야기다.

혼자 하면 까마득하게 힘든 일도 함께하면 혼자일 때만큼 어렵지 않다. 육아 정보를 나누고 고충을 공유하며 엄마도 성장하고, 또래 친구와 함께하는 시간을 통해 아이도 성장한다. '백지장도 맞들면 낫다'라는 옛 속담은 육아에 있어서도 틀리지 않았다.

참고 문헌 및 자료

김진미, 강지해, 최미영, 『육아 품앗이 해볼래?』, 이담북스, 2020 | 「[여가부 들여다보기] 육아 고민 '공동육아나눔터'에서 해결하세요」, 《베이비타임즈》, 2021년 7월 14일 | 「학부모 38명이 자녀 60명 '육아 품앗이'… "아이들 사회성 키우고 코로나 우울증 씻어"」, 《동아일보》, 2020년 10월 27일 | 「길어지는 4단계에 지치는 엄마 "육아 품앗이 하실 분 구합니다"」, 《파이낸셜뉴스》, 2021년 8월 5일 | 「온 마을이 공동육아…저출산 극복 열쇠 육아품앗이」, 연합뉴스 TV, 2018년 7월 14일

혼자 하면 까마득하게
힘든 일도 함께하면
혼자일 때만큼 어렵지 않다.
육아 정보를 나누고
고충을 공유하며
엄마도 성장하고,
또래 친구와 함께하는
시간을 통해
아이도 성장한다.

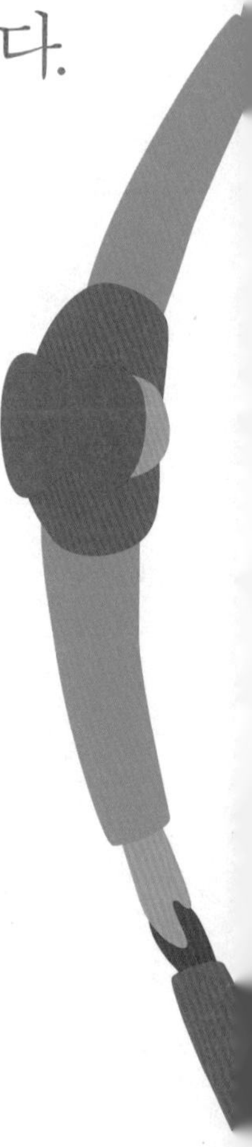

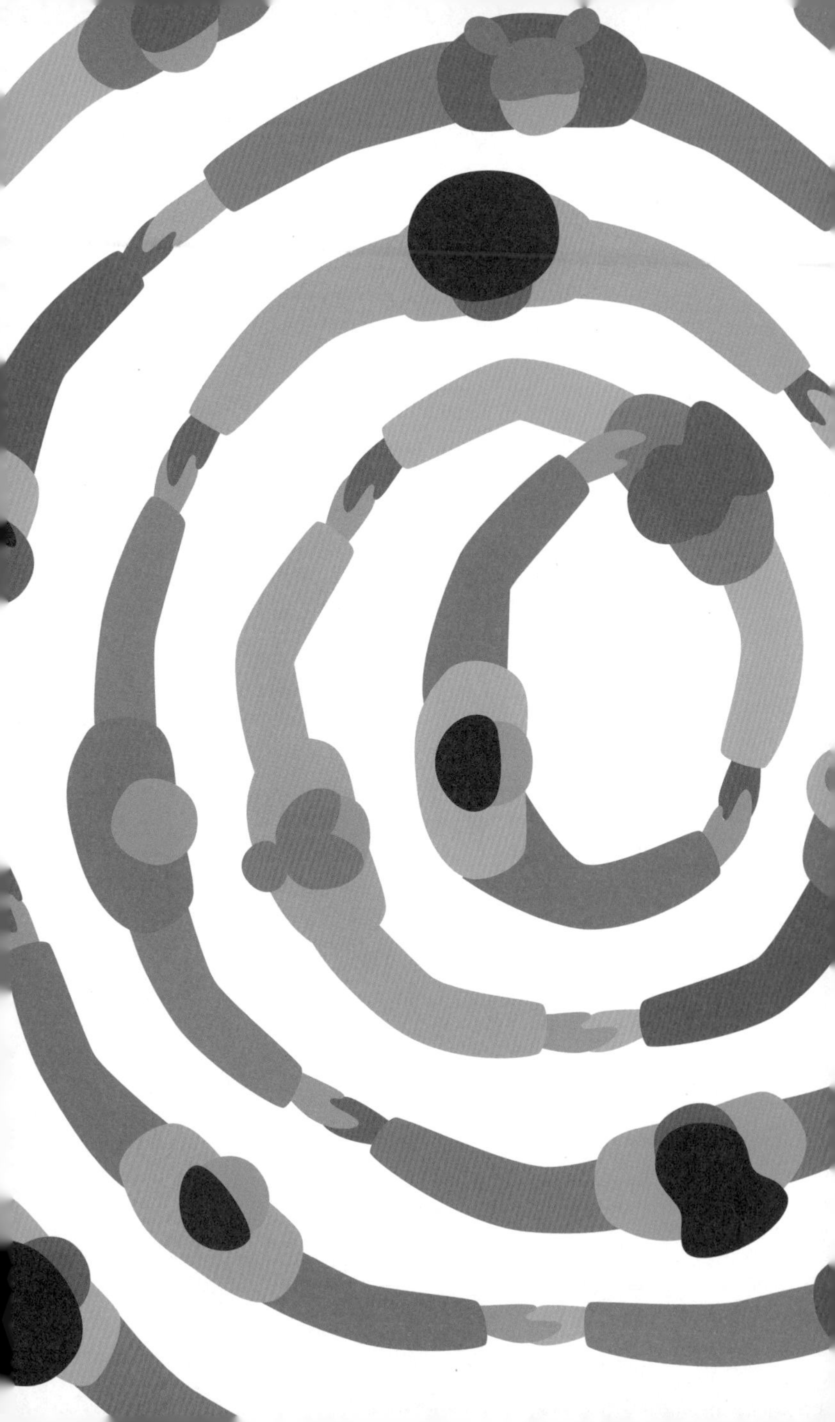

G R O

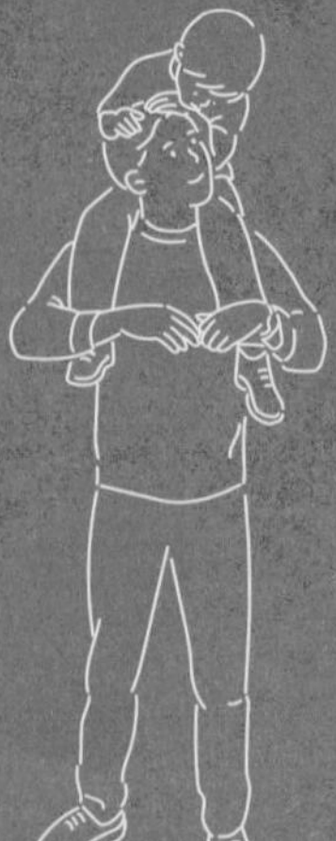

PART

2

모든 순간이 성장을 위한 밑바탕

W I N G

아이가 배운 단어

놀이 시간이 사라진다

밥상머리 교육

위험한 놀이터

모르는 게 많아야 배울 수 있다

좌절하고 성장하며 만나는 새로운 세상

거짓말의 탄생

공부하는 가족

GROWING

06

아이가 배운 단어

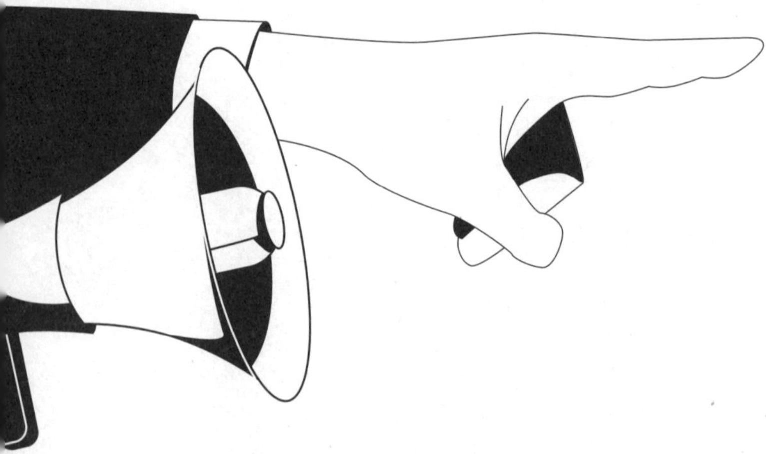

ON AIR

그런 건 어디서 배웠니? 20200423

휴거

빌거

엘사

전거

월거지

아이들은 무엇을 보고 배우나

아이들의 신조어 하나가 어른들을 놀라게 했다.

휴거.

휴거携擧, Rapture?

예수가 세상을 심판하기 위해 재림할 때

구원받는 사람을 하늘로 들어올린다는 단어를

아이들이 어떻게 알았을까?

하지만 아이들이 말하는 휴거는 휴거携擧가 아닌

휴거(휴먼시아+거지).

임대주택 거주자들을 폄훼하여 일컫는 말이었다.

휴거에 이어 아이들의 입을 통해 계속해서 생산되는 신조어들.
빌거(빌라 거지), 엘사(임대주택에 사는 사람), 전거(전세 거지), 월거지(월세 거지)…….

어디에 사는지, 부모 소득이 얼마인지에 따라 아이들의 계급도 나뉜다.
'당신이 사는 곳이 당신을 말해줍니다'라는 어느 건설사의 광고 문구가 현실이 되어버렸다.
'내 집의 경제적 가치가 곧 나의 가치가 된다'는 어른들의 믿음대로 아이들도 이런 어른들을 닮아가고 있다.

누군가와 처음 만났을 때 우리는 본능적으로 반응한다.
'이 사람이 내 편인가, 아닌가.'
이렇게 부류를 나누는 것을 범주화categorization라 한다.
인간이 타인을 보고 특정 범주로 분류하고 판단하는 데까지 걸리는 시간은 고작 0.1초. 눈을 깜빡이는 시간보다 빠르게 타인을 판단하고 뇌에 각인시킨다. 범주화되어 각인된 정보는 그 사람을 대하는 태도를 결정한다. 어쩌다 경제적 가치가 아이들이 다름을 판단하는 기준이 된 걸까?

심리학자 앨버트 반두라Albert Bandura는 아이들을 대상으로 한 가지 실험을 진행했다. 이름하여 보보인형 실험Bobo doll experiment. 그는 아이들을 세 그룹으로 나누어 첫 번째 그룹에는 어른이 인형을 공격하는 모습을, 두 번째 그룹에는 인형을 소중히 대하는 모습을, 세 번째 그룹에는 인형에 무관심한 모습을 보여주었다. 영상을 본 뒤 인형이 있는 방에 들어간 아이들은 자신이 본 행동을 모방했다.

공공택지지구를 반대하는 주민들이 설치한
플래카드에 쓰인 '난민촌'이라는 단어,
아파트 안내문에 적힌 '빈민 아파트'라는 표현,
같은 단지에 살면서도 임대 세대 아파트에 사는 아이들은
놀이터 이용이 불가하다는 문구.

그리고 무심코 아이에게 던진 어른들의 질문.
"그 친구네 부모님은 뭐 하셔?"
"무슨 아파트 사니? 몇 동이니?"

사람은 누구나 자신이 옳다고 여기는 선택을 한다.
"내가 내 돈을 들여 맹모삼천지교 하겠다는 게
잘못된 건가요?"
"아이에게 좋은 인맥을 만들어주는 거죠."
"어린 시절 친구는 평생 재산인데."

부모는 자기 아이를 위한 최선의 선택을 한다.
아이들은 그 부모의 모습을 닮아간다.
우리의 아이들은 지금 어떤 모습을 배우고 있을까?

참고 문헌 및 자료

EBS 다큐프라임 〈아이의 사생활〉 2부-도덕성

그 친구네 부모님은
뭐 하셔?
무슨 아파트 사니?
몇 동이니?

아이는 부모의 거울이다

옛날 어느 마을, 한 서당에 혀가 짧은 훈장이 있었다. 훈장이 글자를 하나 읽으면 아이들은 따라 읽었다. 훈장이 자못 진지한 표정으로 말했다. "바담 풍."

바람 풍(風) 자를 가르치려 하나, 혀가 짧아 '바담 풍'이라 읽어버린 것이다.

제자들은 큰소리로 따라 읽었다. "바담 풍."

훈장은 호통을 치며 아이들을 나무랐다. "누가 '바담 풍'을 '바담 풍'이라고 하느냐, '바담 풍'이 아니라 '바담 풍.' 다시 읽어보거라. 바담 풍."

"네, 알겠습니다. 스승님."

아이들은 뭐라고 읽었을까? "바담 풍이 아니라, 바담 풍"이라고 읽었을 것이라 짐작된다. 재미있지만 마냥 웃어넘길 수만은 없는 이야기이기도 하다. 자신은 잘못된 언행을 하면서도 상대에게는 올바른 행동을 하기를 바라는 사람을 비꼬는 아이들은 어른의 거울이다.
아이들은 모방을 통해
학습한다.

이야기이다. 동시에 가르침이 잘못되었다면 이를 수정하기란 쉽지 않다는 것도 보여준다. 아이들을 키우며 혹시 우리는 혀가 짧은 훈장 같은 실수를 반복하고 있지는 않을까? 아이들에게 옳지 않은 말과 행동을 여과 없이 해놓고 '그런 건 어디서 배웠니?' 하고 묻고 있지는 않은지 생각해봐야 한다.

아이들은 어른의 거울이다. 이는 단순히 행동과 말에만 국한되는 것이 아니다. 아이들의 타고난 성향이라고만 생각하기 쉬운 노력, 인내 역시 아이들은 모방하며 학습한다는 것이 연구를 통해 밝혀졌다. 미국 매사추세츠공대MIT 연구진이 생후 13개월부터 18개월까지 유아 182명을 대상으로 행동실험을 진행했다. 연구진은 유아들을 세 그룹으로 분리했다. 그리고 첫 번째 그룹 앞에서는 어른이 작은 상자에서 장난감을 꺼내거나 고리에서 장난감을 분리하기 위해 애쓰는 모습을 30초간 보여주었다. 두 번째 그룹 역시 같은 장난감을 사용했지만 어른들은 아무 노력 없이 손쉽게 성공하는 모습을 보여줬다. 마지막 세 번째 그룹 앞에서는 어른들이 어떠한 행동도 하지 않았다. 어른들의 모습은 아이들에게 어떤 영향을 미쳤을까?

이렇게 어른들의 실험을 보여준 다음, 아이들에게 버튼은 있지만 눌러도 작동하지 않는 장난감을 주고 끈기 수준을 측정했다. 노력하는 어른의 모습을 봤던 첫 번째 그룹은 음악을

틀기 위해 무려 평균 40여 회나 버튼을 눌렀다. 반면 다른 그룹의 행동은 달랐다. 두 번째, 세 번째 그룹의 아이들은 첫 번째 그룹의 절반 수준인 20여 회에 그쳤다. 아이들이 어른들의 '노력'을 보고 학습한 셈이다. 연구에 참여한 연구원들은 실험에 참가한 유아들이 단순히 어른의 행동을 모방하는 것에 그치지 않고, 노력의 가치를 배워 행동한 점이 흥미롭다고 이야기한다.

독일 소설가 장 폴Jean Paul은 "세계의 모든 나라를 두루 여행한 여행가라도 아이가 만 7세까지 부모에게서 배우는 것보다 더 많이 배우지는 못한다"라고 말했다. 아이에게 좋은 것만 주고 싶은 것이 부모의 마음이다. 아이에게 건강한 가치관과 바른 말과 행동을 가르쳐주고 싶다면 가장 효과적이고 가장 확실한 방법은 '가르쳐주는 것'이 아닌 '보여주는 것'에 있다.

참고 문헌 및 자료

루돌프 슈타이너, 『발도르프 아동교육』, 이정희 옮김, 씽크스마트, 2017 | 「MIT "아이들 인내와 끈기는 타고난다고요?"」, 《서울경제》, 2017년 10월 15일 | 「발도르프 교육 전문가 "아이 잘 돌보려면, 아이 관찰하는 법부터 배워야"」, 《베이비뉴스》, 2017년 8월 1일 | 「[내 아이의 마음에 로그인하기] 아이는 부모의 거울」, 《영남일보》, 2019년 5월 27일

부모는 아이의 첫 번째 스승

'부모는 아이의 첫 번째 스승'이라는 말이 있다. 일생에 거쳐 아이에게 큰 영향을 미치는 부모의 역할이 중요하다는 것을 내포한 말이다. 아이를 낳은 사람은 누구나 '부모'라는 칭호를 얻지만 '좋은 부모'는 저절로 되지 않는다.

최근 아동학대 등으로 인해 부모교육에 대한 관심이 높아지고 있다. 보건복지부가 2016년 발표한 〈전국 아동학대 현황 보고서〉에 따르면 아동학대가 발생하는 원인은 다양하지만 의외로 모르고 저지르는 학대가 가장 많았다. 그중 학대 가해자들이 보이는 특성 중 '양육 태도 및 방법 부족'이 35.6퍼센트로 가장 높았다. 이 때문에 생애주기별 부모교육을 의무화해야 한다는 주장도 나온다. 교육도 마찬가지다. 부모 스스로 교육 역량을 갖추기 위한 부모교육은 턱없이 부족한 상황이다.

더불어민주당 권인숙 의원은 2021년 8월, '부모교육 체계적 지원 및 활성화를 위한 토론회'에서 "부모 등 보호자는 '교육기본권'에 등장하는 교육 당자사임에도 이들이 교육 역량을 갖추도록 지원하는 제도적 기반이 미미한 상황이라며 빠르게 교육 환경이 변화하고 가족의 형태가 다양해지는 만큼 생애주기별 부모교육이 필요하다"라고 언급한 바 있다. 부모교육은 코로나19 시대를 거치며 급변하는 교육 환경에 아이들이 안정적으로 적응하기 위해서도 필요하다.

부모교육 프로그램을 운영하는 대표적인 기관 중 하나는 여성가족부다. 여성가족부가 운영하는 건강가정·다문화가족지원센터는 전국에 224곳이 있으며 예비 부모와 자녀가 있는 부모를 위한 생애주기별 부모교육을 비롯한 가족 교육과 돌봄 서비스 등을 제공한다. 2021년 10월부터 건강가정·다문화가족지원센터는 명칭을 '가족센터'로 변경했다. 다문화가족 등 특정 가족만 이용할 수 있는 곳으로 잘못 알려지는 경우가 있어서인데, 명칭을 바꿔 서비스 이용을 활성화하고자 했다.

하지만 여전히 부모교육을 어떻게 받을 수 있는지에 관한 정보가 부족하고, 어디에 가서 배워야 하는지도 막연하다. 부모교육은 각 시도 지방자치단체, 정부산하기관, 비정부기구NGO 등에서 산발적으로 이루어지고 있으며, 대부분 생애주기나 가족 형태를 고려하지 않은 일반적인 내용인 경우가 많다. 또한 단계적인 프로그램보다는 일회성 교육이 주를 이룬다는 점에서 아쉬움이 남는다.

아이를 낳은 사람은 누구나
'부모'라는 칭호를 얻지만
'좋은 부모'는 저절로 되지
않는다.

참고 문헌 및 자료

「아동학대 10건 중 8건은 친부모가 가해… 원인은 "양육상식 부족" 가장 많아」, 《한국일보》, 2018년 1월 20일 | 「매 없는 훈육방법, 부모교육 의무화를」, 《한겨레》, 2016년 1월 24일 | 「남인순 의원, 부모에 아동학대 예방교육 의무화」, 《경인매일》, 2020년 8월 10일 | 「부모의 탄생」, 《경남도민일보》, 2020년 9월 16일 | 「권인숙 의원 "생애주기별 부모교육 시급하다"」, 《베이비뉴스》, 2021년 8월 25일

GROWING

07

놀이 시간이 사라진다

ON AIR

우리 같이 놀아요 20201020

부모의 욕심에 아이들이 지쳐간다

"노는 게 제일 좋아. 친구들 모여라.
언제나 즐거워. 오늘은 또 무슨 일이 생길까?"
이렇게 노래하는 아이들의 친구, 뽀로로.

"학교 끝나고 친구들이랑 놀고 싶어요?"라는 질문에
48.7퍼센트의 아이들이 "네!"라고 답했다.
"그럼 친구들이랑 같이 놀 수 있는 사람이 있나요?"라고
묻자 단 5.7퍼센트만이 놀 수 있는 친구가 있다고 응답했다.
(2013년 보건복지부 〈아동종합실태조사〉)

캐나다의 뇌과학자 세르지오 펠리스Sergio Pellis 교수의 실험에 따르면, 어린 쥐에게 일정한 규칙을 따르는 놀이를 시키자 목적 달성을 위해 감정과 행동을 조절하는 뇌 부위가 발달했다고 한다. 즉, 어린 쥐는 다른 쥐들과 함께 어울려 놀기 위해 충동을 조절했다는 것이다. 세르지오 펠리스 교수는 "인간의 경우에도 일정한 규칙을 따르는 놀이를 하면 사회 활동과 관련된 뇌 기능이 발달할 것"이라고 언급했다.

놀이는 아동이 마땅히 누려야 할 권리이자 다음 단계로 나아가기 위한 발판이다. 그러나 놀 권리가 보장된 아이들의 아동기가 실종됐다. 아동기 실종 사건은 뜻밖의 사건으로부터 시작되었다. 유아기의 경험과 자극이 능력 개발에 영향을 미친다는 것을 증명한 연구들이 나오기 시작했고, 연구를 통해 밝혀진 아이들의 무한한 가능성은 곧 어른들의 무한한 기대로 변질되었다. 부모들은 유아기에 더 많은 경험을 하게 해준다며 아이들이 아주 어릴 때부터 학원으로 내몰았다. 아이들은 '놀이' 대신 '놀면서 배우는 학원'에 다니게 되었다. 의무에 자리를 내어준 아이들의 놀 권리.

UN의 〈아동권리협약〉 제31조에는 "당사국은 휴식과 여가를 즐기고 자신의 나이에 맞는 놀이와 오락 활동에 참여하며 문화생활과 예술 활동에 자유롭게 참여할 수 있는 아동의 권리를 인정한다"라고 명시되어 있다. 어린 나이에 아이들은 스스로 선택한 적 없는 달리기를 시작했다. 하지만 아이에게 필요한 것은 경쟁이 아닌 협동과 이해, 이겨야 할 경쟁 상대가 아닌 친구이다. 아이들은 놀면서 자란다.

"만약 아이들이 병들었다면 그것은 아이들이 마음껏 놀지 못한 것에 대한 복수다."

— 에리히 프롬, 사회심리학자

참고 문헌 및 자료

〈아동종합실태조사〉, 보건복지부, 2013 | 〈유엔아동권리협약〉, UNICEF, 1989 | 「'아동권리 선언' 그 이후… 또 다른 '아동기의 실종기'」, 《무등일보》, 2015년 1월 27일 | 「동네를 놀이터로… 아이는 놀아야 자란다」, 《동아사이언스》, 2019년 5월 4일 | 「'코로나 봉쇄령'에 전 세계 테디베어 총출동?」, 《세계일보》, 2020년 4월 1일

진짜 놀이와 가짜 놀이

지금으로부터 500년 전 네덜란드의 화가 피터르 브뤼헐Pieter Bruegel the Elder이 그린 「아이들의 놀이」를 보면 말타기를 하는 아이들도 있고, 조약돌로 공기놀이를 하는 아이들도 있다. 철봉에 매달려 놀기도 하고 말뚝박기를 하는 아이들도 있다. 나무를 오르는 아이들도 있고 굴렁쇠를 굴리는 아이들도 있다. 500년 전 그림에 빼곡하게 담긴 아이들의 모습은 지금 아이들의 모습과 크게 다르지 않다. 아이들의 모습이 이토록 닮은 이유는 무엇일까? 아마도 아이들에게 놀이는 학습되는 것이 아닌 '본능'이기 때문일까? 그런데 요즘 아이들은 이 '놀이 본능'을 잘 발휘하고 있을까? 충분히 잘 놀고 있을까?

요즘 부모들은 아이들에게 다양한 경험을 제공하기 위해 노력한다. 여행도 자주 가고 전시회나 박물관에서 체험을 함께 하기도 하고, 키즈카페처럼 잘 만들어진 놀이 공간에 가기도 한다. 이처럼 부모들은 '놀이의 중요성'도 충분히 인지하고 있기 때문에 놀이식 수업을 통해 재미있게 놀며 익히는 걸 선호

피터르 브뤼헐, 「아이들의 놀이」, 패널에 유채, 118×161cm, 1560, 빈 미술사 박물관

한다. 그리고 이런 시간들을 부모들은 '놀았다'라고 표현한다.

하지만 그것은 진짜 놀이가 아니라는 것이 전문가들의 의견이다. 놀이는 일회성 행사나 체험학습이 아닌 '일상에서 반복되고 지속되는 것'이어야 한다는 것이다. 보육 전문가, 교육학자, 놀이 전문가들은 입을 모아 어른들의 놀이에 대한 인식 개선이 필요하다고 말한다. 부모가 먼저 '진짜 놀이'와 '가짜 놀이'를 구분해야 하며, '이게 놀이지' 하는 착각으로 아이들에게 다른 이름의 사교육을 시키거나 진정한 놀이의 즐거움을 뺏어서는 안 된다고 말한다.

그렇다면 '진짜 놀이'란 무엇일까? 서울신학대학교 보육학과 황옥경 교수는 아이들의 진짜 놀이에는 3가지는 없고 4가지는 있어야 한다고 언급한다. 없어야 하는 3가지는 다음과 같다. 계획성(계획하지 않는다), 목적성(마무리하지 않는다), 강제성(강제하지 않는다)이다. '엄마표'라는 이름으로 엄마가 준비한 놀이를 위해 아이의 진짜 놀이를 중단시켰거나, 아이가 하고 싶은 대로가 아닌 부모의 의도를 따라오도록 만드는 데 그쳤다면 그건 '놀이'가 아니라는 것이다.

그렇다면 있어야 하는 4가지는 무엇일까? 즐거움, 자유로움, 도전성, 자기주도성이다. 아이 스스로 재밌어야 하고, 스스로 계획하고 참여하고 싶어야 한다. 또 아이들이 하고 싶은 방식으로 표현할 수 있어야 하며, 언제나 새로운 방식으로 바꿀 수 있어야 한다고 설명한다. 그리고 가장 중요한 것은 '자기주도성'이다. 어른들이 "이렇게 말고 이렇게 해보자"라고 제안하는 것은 놀이가 아니라고 한다.

아이들의 놀이에는 어른들이 생각하는 그 이상의 것들이 담겨 있다. 명지대학교 아동심리치료학과 선우현 교수는 '놀이란 아이들이 세상을 안전하게 경험할 수 있는 작은 세계'라고 정의했다. 아이들은 놀이를 통해 최초의 실패를 경험하고 관계를 알아가며 세상을 살아가는 규칙을 배운다. 그런데 놀이를 통해 더 많은 것들을 이해하고 배우기를 바라는 어른들의 잘못된 생각이 아이들의 놀이에 개입하면서 아이들의 '진짜 놀이'가 위협받는다. 부모의 계획에 따라 아이와 놀아주는 게 아니라 아이의 주도로 함께 놀 때, 아이들의 '진짜 놀이'가 시작된다. 아이와 놀 때 '아이에게 무엇을 해줄까'가 아니라 '놀이의 주인은 아이'라는 것을 잊지 말아야 한다.

참고 문헌 및 자료

EBS 다큐프라임 〈놀이의 반란〉 | 「놀 줄 모르는 어른에 뺏긴 아이들의 놀·권리」, 《머니투데이》, 2017년 8월 3일 | 「[육아뉴스] 진짜 놀이와 가짜 놀이의 구분법」, 《한겨레》, 2016년 5월 3일 | 「아이들에겐 놀이가 '밥'이고 '숨'이다」, 《한겨레》, 2019년 10월 14일

GROWING

08

밥상머리 교육

ON AIR

맛을 배우는 아이들 20201118

미각교육에서 시작하는 식사교육

주 3회 이상 패스트푸드를 먹는 청소년

2009년 12.1퍼센트, 2019년 25.5퍼센트

주 3회 이상 탄산음료를 마시는 청소년

2009년 24퍼센트, 2019년 37퍼센트

— 질병관리청 청소년건강행태조사, 2019년

2019년 교육부가 제시한 〈학생 건강 표본조사 결과〉에 따르면 우리나라 초·중·고 학생 4명에 1명꼴로 비만 또는 과체중 상태라고 한다.

그 주된 원인 중 하나로 꼽히는 잘못된 식습관.
좋은 식습관을 갖도록 교육하는 방법은 없을까?

프랑스의 교육에서 그 힌트를 찾아보자.
파리에 있는 게뤼싹 유아학교에서는 일주일에 두 번 미각수업이 진행된다. 아이들은 어떤 과정을 통해 과일의 맛을 알아갈까?

선생님이 커다란 상자를 하나 가지고 온다. 상자 안은 보이지 않지만 옆에 구멍이 하나 뚫려 있다. 아이들은 상자를 열어 보기 전에 구멍에 손을 넣어보고 그 촉감을 살펴 무엇인지 상상해본다. "느낌이 어때?" 하고 묻는 선생님의 질문에 "부드러워요"라고 답하는 아이. 선생님이 "크기가 크니, 작니?"라고 질문하니 아이는 "커요"라고 답한다. 아이들의 호기심을 자극하는 수업을 통해 아이들은 과일을 직접 만져보며 서로의 생각을 나눈다.

상자 안에 숨겨 놓은 과일은 과연 무엇일까?
정답은 바나나!

익숙한 과일이지만 아이들은 촉각을 통해 음식을 새롭게 경험하게 된다.

프랑스는 미각의 둔화와 식생활의 혼란이 심각한 사회문제로 대두되자 1970년대 세계 최초로 미각교육을 도입했다. 프랑스의 미각교육은 유아부터 11세 학생을 대상으로 이루어지며 총 10단계로 구성되어 있다. 1단계에서는 시각, 청각, 후각, 미각, 촉각 등 오감이 무엇인지 배우며, 이후 2단계에서 7단계까지 다양한 맛과 그 맛을 인지하는 감각기능을 배우게 된다. 그리고 마지막 8단계에서 10단계에서는 음식 재료와 맛 평가 방법을 배운다.

미각교육은 어린이들에게 음식의 맛을 제대로 느끼게 해주고, 그 과정을 통해 편식을 줄이고 몸에 좋은 채소를 많이 먹게 하는 등 식습관을 바로잡아준다. 미각교육 프로그램에 참여한 어린이를 대상으로 한 유럽 맛과학연구소의 2008년 조사 결과에 따르면 미각교육 후 음식에 대한 거부감이 현격히 줄어들었고 새로운 음식을 먹어보고 싶다는 욕구가 높게 나타났다고 한다.

"미각교육을 통해서
단순히 배를 채우는 식사를 하는 것이 아니라
인생의 더 많은 즐거움을 느낄 수 있죠."

— 장 미셸 뒤히보, 미각교육자

참고 문헌 및 자료

EBS 다큐프라임 〈맛이란 무엇인가〉 3부

푸드 네오포비아와 푸드 브리지

"이 시금치도 한 번 먹어봐. 얼마나 맛있는데."

"싫어요."

"왜 안 먹어. 골고루 먹어야 쑥쑥 크지."

입을 꾹 다문 아이와 한 입이라도 더 먹여보려는 엄마. 음식, 특히 채소 앞에서 전쟁을 벌이는 가정이 적지 않다. 특히 모유와 분유, 이유식을 끝내고 유아식을 본격적으로 진행하고 있는 만 2세 이상의 아이들에게서 이런 현상을 많이 볼 수 있다. 이 시기의 아이들은 기호가 확실하고 좋아하는 음식만 먹으려는 성향이 강하다. 아이들의 편향된 식습관은 영양 불균형으로 이어져 성장에도 영향을 끼칠 수 있을 뿐만 아니라 이 시기에 다양한 음식을 접하지 못하면 향후 성인이 되어서까지 식습관에 영향을 미친다. 그런데 아이들은 대체 왜 편식을 하는 걸까?

가장 일반적인 이유는 푸드 네오포비아Food neophobia에서 찾을 수 있다. 네오포비아는 생후 6~7개월쯤부터 나타나는 낯설거나 새로운 것에 대한 공포증을 말한다. 그중에서 푸드 네오포비아는 음식에 대해 나타나는 아이들의 공포증으로 주로 만 2세에서 만 5세 사이에 두드러지게 나타나고 그 이후로 차츰 줄어든다.

아이들이 모든 음식에 거부 반응을 보이는 것은 아니다. 아이들의 푸드 네오포비아는 초콜릿이나 쿠키 같은 단 음식에는 드물게 나타나는 반면 유난히 채소에 대해서는 높게 나타난다. 푸드 네오포비아는 해로운 음식으로부터 자신을 지키기 위한 인간의 자구책으로, 안전한 먹을거리가 풍성한 요즘은 불필요한 본능에 가깝다. 독성을 가진 음식이 주로 '쓴맛'을 가지고 있기 때문에 미세한 쓴맛이 있는 채소 등에 대해 거부반응이 더 높게 나타난다. 아이들의 푸드 네오포비아가 높은 만 2세에서 만 5세 시기는 공교롭게도 아이의 자아존중감이 발달하는 시기이기도 하다. 이 시기에 편식을 이유로 야단치거나 빨리 먹으라고 재촉하고 강요하면 아이의 자아존중감 발달에 영향을 끼칠 수 있다.

전문가들은 아이들에게 억지로 싫은 음식을 권하기보다는 중간 단계를 두는 푸드 브리지Food Bridge와 같은 방법으로 음식과 서서히 친해지도록 돕고, 함께 장을 보거나 음식을 만드는 과정을 통해 재료 본연의 향과 모양, 색과 친해질 수 있도록 도와줘야 한다고 이야기한다. '푸드 브리지'는 같은 재료를 이용해 단계별로 다양한 음식을 제공하는 방법으로, 싫어하는 음식을 친숙하게 만드는 방법이다. 하지만 처음부터 채소를 먹이겠다는 욕심은 금물이다. 푸드 브리지는 보통 4단계로 나누어 진행하는데 우선 음식과 친숙해지는 것이 가장 중요하다.

1단계, 싫어하는 재료를 놀이도구나 식기로 활용하여 아이가 재료에 시각적으로 익숙해지도록 한다.

2단계, 아이가 싫어하는 재료의 형태가 보이지 않을 정도로 잘게 다져서 재료를 알아볼 수 없게 하되 모양이나 색으로 호기심을 자극한다.

3단계, 조금씩 재료를 보이게 만든 음식을 제공한다.

4단계, 싫어하는 재료 자체만으로 음식을 만들어준다.

푸드 브리지를 진행하려면 부모의 인내심이 요구된다. 연구에 따르면 아이가 싫어하는 음식을 받아들이기까지 최소 8번 이상의 노출이 필요하고 한다. 여기서 핵심은 매번 같은 반찬이 아닌, 재료는 같지만 다른 음식을 단계적으로 아이에게 노출하는 것이다. 처음에는 싫어하는 재료의 비율을 10퍼센트에서 시작해 점차 늘려가다 마지막 단계에는 90퍼센트 정도로 적극적으로 노출하게 되는데 이 단계를 잘 따라오면 싫어하는 음식이 좋아하는 음식이 되는 계기가 될 수 있다고 전문가들은 말한다.

참고 문헌 및 자료

EBS Live Talk 부모 제작팀, 『EBS Live Talk 부모』, 경향미디어, 2017 | EBS 다큐프라임 〈아이의 밥상 1부 편식의 비밀〉 | 「평생 식습관 좌우하는 중요한 아이식단, 얼마나 지키고 계세요?」, 《시선뉴스》, 2019년 4월 5일 | 「편식하는 자녀, '마음 건강'도 살펴보세요」, 《노컷뉴스》, 2015년 8월 5일 | 「밥 안 먹는 아이 원인부터 알아야」, 《서울경제》, 2008년 10월 29일 | 「컬러풀 식탁, 슬로 식사 삼시세끼 꼬박꼬박…비만·소화불량 잡는다」, 《중앙일보》, 2020년 9월 21일

GROWING

09

위험한 놀이터

ON AIR

위험한 놀이터로 놀러 오세요 20201029

아이들의 놀 권리

독일의 놀이터 디자이너, 권터 벨치히Gunter Beltzig.
그가 한국을 방문했다.
그는 자연환경과 조화를 이루는 한옥의 멋을 담은
놀이터를 상상했다.
그러나 그는 우리나라 놀이터를 보고 실망을 감추지 못했다.

플라스틱으로 만든 오두막집, 부족한 그늘,
한눈에 노출되는 구조. 그가 말했다.
"장식으로 세워져 있을 뿐 놀이를 위한 곳이라는 생각이
전혀 들지 않네요.

어른들이 계획한 멋지고 아름다운 놀이터는 보기에만 좋을 뿐이지요."

시소Seesaw, 미끄럼틀Slide, 그네Swing, 모래놀이Sandbox, 이른바 4S가 일반적인 한국 놀이터의 형태다.
4S 놀이터는 뉴욕의 도시 건설가 로버트 모지스Robert Moses가 1930년에서 1960년대에 보급한 표준화된 놀이터의 디자인이다. 물론 당시와 비교해 색깔과 소재는 달라졌지만 디자인은 90년 전 보급된 것과 크게 다르지 않았다. 어디를 가도 판박이처럼 비슷비슷한 모양의 놀이터들.

귄터 벨치히의 철학이 담긴 독일 호에바르트 놀이터는 어떤 모습일까.
벨치히가 생각하는 좋은 놀이터란 놀이기구가 없는 놀이터, 그리고 어느 정도 위험을 허용하는 놀이터다.
여기에서의 위험은 아이 스스로 인식할 수 있고, 제어 가능한 위험이다. 어른들 눈에는 위태로워 보이는 놀이터에서 아이들은 스스로 안전을 챙기며 위험을 극복하는 법을 배운다.

유럽 놀이터의 안전 규정 'EN1176'에는 추락 사고,
충돌 사고 등 위험 요인을 막기 위한 규정이 상당히
상세하게 명시되어 있다.
그런데 서문에 이와는 모순되는 문장이 기재되어 있다.
'아이들이 경험하는 위험은 이로울 수 있다.'
아이들은 위험한 놀이터에서 안전을 배운다.

"아이들은 놀이터에서 배우는 거죠.
세상에 위험이 없는 곳은 없으니까요."

— 팔크 도르반드, 독일 놀이터 디자이너

참고 문헌 및 자료

귄터 벨치히, 『놀이터 생각』, 엄양선, 베버 남순 옮김, 소나무, 2015 | EBS 다큐프라임 〈놀이터 프로젝트〉 3부작 | 「독일 동네 놀이터, 자연스러운 공간에서 놀이를 즐기다」, fromA | 「In Britain's Playgrounds, 'Bringing in Risk' to Build Resilience」, 《The New York Times》, 2018년 3월 10일

GROWING

10

모르는 게 많아야 배울 수 있다

ON AIR

인간은 왜 태어나자마자 걷지 못할까 20200909

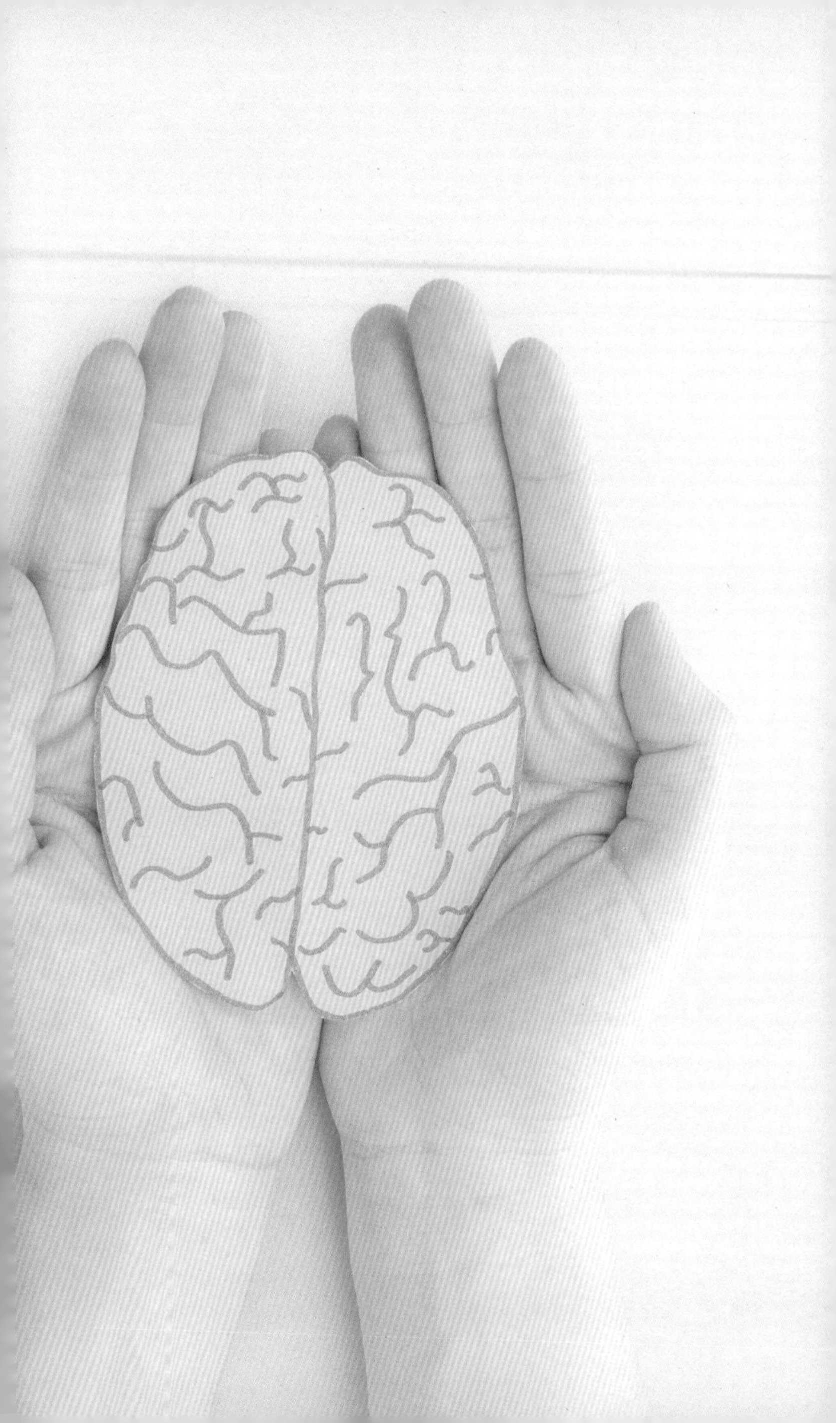

태어나는 순간부터 배운다

잠시 비틀거렸다가도 바로 첫걸음을 내딛는 동물의 새끼.
그런데 인간은 다르다.
갓 태어난 아기가 할 수 있는 건 울고 웃는 것 외엔
아무것도 없다.
먹는 것도 입는 것도 걷는 것도 스스로 할 수 없는 인간.
인간은 왜 다른 동물들처럼 태어나자마자 걷지 못할까?

**"인간의 태아가 충분히 성숙한 상태로 세상에 나오려면
임신 기간이 21개월은 되어야 한다."**

— 제임스 맥케나, 미국 노틀데임대학 교수

인간이 미성숙하게 태어나게 된 가장 큰 원인은 직립보행 때문이라고 한다. 600만 년 인류가 걷기 시작하면서 인간의 골반은 척추와 뒷다리를 이어주는 역할뿐만 아니라 상체 전체를 지탱하는 역할까지 맡게 되었다. 이에 따라 골반은 좌우로는 넓어지고 앞뒤로는 좁아지는 그릇 모양의 형태로 작아졌다. 또 직립보행으로 인해 산도의 중간 부분이 비틀어졌다. 반면 사냥으로 동물의 단백질을 흡수하기 시작하면서 뇌의 크기는 점점 커졌다.

골반은 작아지고, 산도는 비틀어졌는데 아이의 머리는 크니 출산이 쉬울 리 없었다. 아이는 산도를 빠져나오다 질식하는 일이 생겼고, 동시에 엄마도 머리가 큰 아이를 낳기 힘들어졌다. 엄마의 몸에서 아이가 완전히 성장했다 나오는 것은 아이와 엄마 모두에게 위험한 일이라고 판단했다. 그렇게 인류가 진화하며 찾은 최적의 임신 기간은 평균 266일.

인간에게는 어떤 영장류도 가지지 못한 특별한 점이 하나 있다. 아기는 완전히 성숙한 채로 태어나지 못했지만 탄생 후 엄마와의 관계 속에서 다시 한 번 성장한다. 아이는 그 사이 주변 사람들과 소통하는 법을 배우고 다양한 자극을 통해 감각도 매우 섬세하게 발달한다.

"인간이 고등한 지적 존재로 진화할 수 있었던 결정적인 요인은 뇌의 75퍼센트가 출산 뒤에 크는 특이한 성장 패턴을 갖게 됐기 때문이다.

— 앨런 워커, 팻 시프먼, 『뼈의 지혜』 중에서

참고 문헌 및 자료

박한선, 「인간이 겪는 최고의 고통, 출산은 어떻게 진화했나」, 《동아사이언스》, 2019년 11월 23일 | 신동호, 「인간은 왜 12개월 미숙아로 태어날까」, 《한국교육신문》, 2005년 8월 1일

the sTUdy

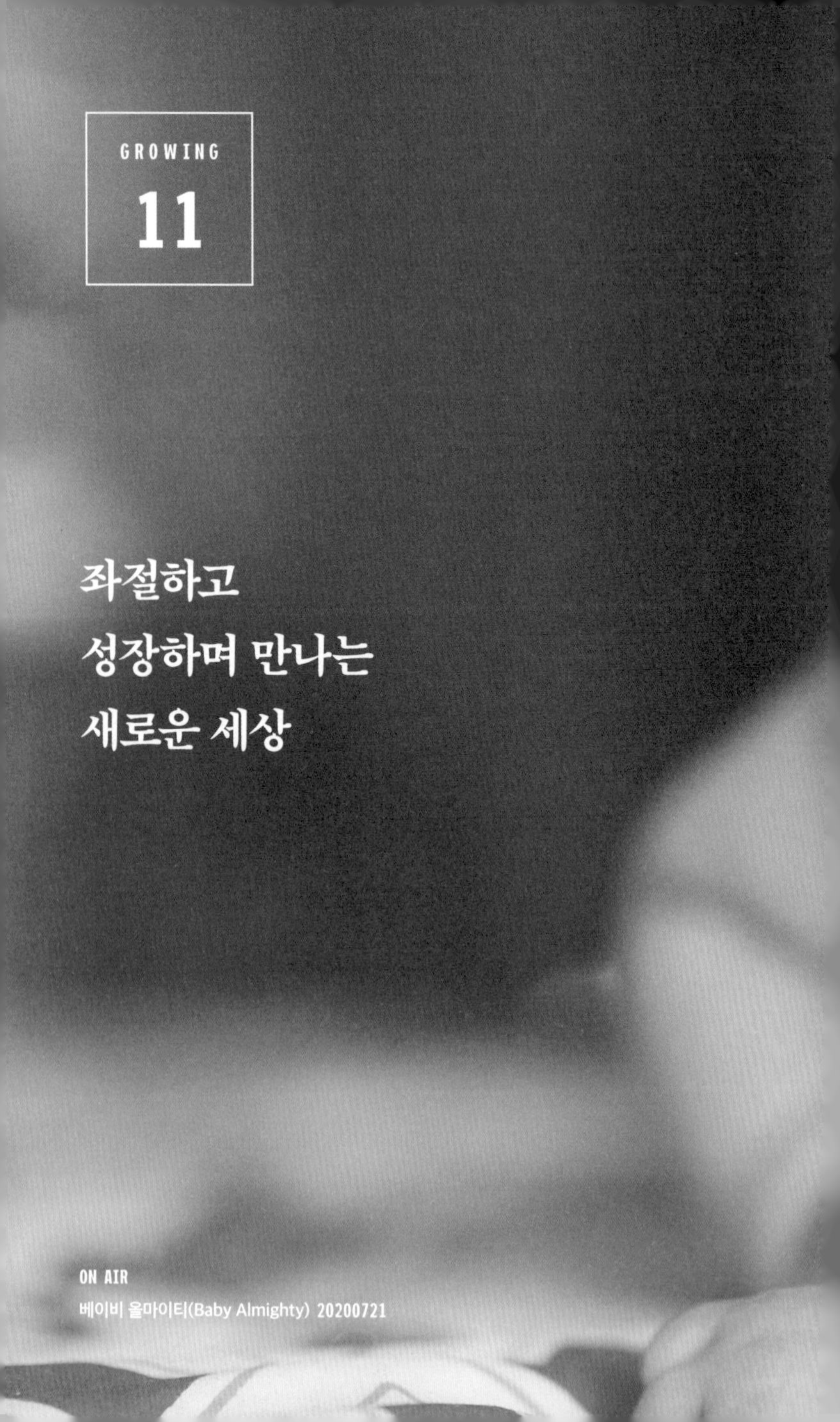

GROWING

11

좌절하고 성장하며 만나는 새로운 세상

ON AIR

베이비 올마이티(Baby Almighty) 20200721

좌절하면서 성장한다

아이가 태어났다.
귀엽고 사랑스럽지만 혼자서는 아무것도 못 하는
보살핌이 필요한 존재.
아이의 울음에, 표정에, 작은 움직임에도
엄마는 빠르게 반응한다.
'아가야, 아무것도 걱정하지 마. 엄마가 뭐든 다 해줄 테니.'

그런데 엄마가 모르는 것이 있다.
배가 고프면 달콤한 것이 나오는 보드라운 무언가가 아기
입술에 닿는다.

나, 타인, 주변 환경을 아직 구분하지 못하는 아기는
나를 돌봐주는 엄마의 존재를 인지하지 못한다.
아기는 그렇게 원하는 것을 스스로 이루었다는 착각,
전능함Omnipotence에 빠진다.

그러나 아기의 전능한 세계는 그리 오래가지 못한다.
아이가 성장해감에 따라 엄마는 서서히 자신의 일상으로
돌아간다. 소홀했던 집안일이 눈에 보이기 시작하고, 신경
써주지 못했던 첫째 아이에게 시선이 가기도 한다. 그리고
아이는 전처럼 자신이 원하는 것들이 빠르게 이뤄지지 않을
때마다 좌절을 경험한다.

아이는 점차 자신의 한계를 깨닫는다.
'나'를 중심으로 돌아가던 환상의 세계에서 객관적인
세상으로 가는, 올바른 성장을 위해 필요한 적당한
좌절Optimal frustration을 겪는다.

아이는 스스로 껍질을 깨뜨려야만 환상의 세상이 아닌
'진짜 세상'과 마주할 수 있다.

부모의 과도한 개입으로 인해 아이가 좌절을 경험하지
못했다면,
그래서 아이 스스로 성장할 기회를 갖지 못했다면
아이는 다음 단계로 나아가지 못한다.
자신의 한계와 현실을 직시하지 못한다.

"새는 알에서 나오려고 투쟁한다. 알은 세계다.
태어나려는 자는 하나의 세계를 깨뜨려야 한다."

— 헤르만 헤세, 『데미안』 중에서

참고 문헌 및 자료

미국정신분석학회, 『정신분석용어사전』, 한국심리치료연구소, 2002 | 최광현, 『나는 내 편이라고 생각했는데』, 부키, 2019 | 권경인, 『엄마가 늘 여기 있을게』, 북하우스, 2018

스스로 물고기를 잡을 줄 알아야 한다

영국의 아동정신분석가 도널드 위니콧Donald Woods Winnicott에 따르면 좌절은 아이를 한 단계 성장시킨다고 한다. 이 과정을 통해 아이는 자신이 최고라고 믿는 절대적 의존기에서 "우리 엄마가 최고야" 하는 상대적 의존기를 거쳐 "엄마도 사람이구나"를 느끼며 독립에 이른다고 한다. 좌절과 실망은 아이의 성장 과정에서 반드시 겪어야 할, 그리고 스스로 극복하고 깨뜨려야 할 '알'인 셈이다.

하지만 부모의 마음은 그렇지 않을 때가 많다. 아이에게 실패 경험을 안겨주고 싶지 않고, 아이를 좌절하게 하고 싶지 않아서 부모는 때로 아이의 삶에 과도하게 개입한다. '캥거루맘'은 캥거루처럼 아이를 품에 안고 조종하며 무엇이든지 다 해주려는 엄마를, '헬리콥터맘'은 헬리콥터처럼 자녀 주위를 맴돌며 발 벗고 아이를 도우려는 엄마를 지칭하는 말이다. 한때 논란이 되었던 이 신조어와 어울리는 상황은 지금도 어렵지 않게 볼 수 있다.

부모의 과보호 아래에서 편안하고 안전한 삶을 누리며 자라는 아이들은 성인이 되어서도 여전히 부모의 품을 떠나지 못하기도 한다. 대학교의 수강 신청을 대신해주는 엄마, 입사 면접에서 왜 떨어졌는지 전화해서 따져 묻는 아버지, 대학 교수에게 시험 성적을 대신 항의하는 부모는 신문에만 나는 드문 일이 아니다. 취업포털 잡코리아와 알바몬이 2021년 진행한 설문조사에 의하면 조사에 응답한 성인 남녀 2,566명 중 약 55.8퍼센트가 자신이 '캥거루족'이라고 답했다. 같은 응답자들에게 '캥거루족을 가르는 기준'에 대해 물었을 때 69퍼센트가 경제적인 독립 여부라고 답했지만 단순히 캥거루족들이 경제적인 독립만 되지 않은 것은 아니다. 응답자의 55.9퍼센트가 '취업, 진로, 결혼 등 중요한 사안에 대해 심적으로 의지하고 도움을 받는 등 정서적으로 독립하지 못했다'라고 답했다.

'물고기를 주지 말고 물고기 잡는 법을 가르쳐라'라는 유대인의 격언도 있지만, 어느 부모가 아이를 험난한 파도 앞에 세우고 싶을까. 힘든 일은 대신해주고 싶고, 미리 잡아놓은 맛좋은 물고기를 당장 손에 쥐여주고 싶은 것이 부모의 마음일 것이다. 하지만 물고기를 스스로 잡았을 때의 성취감과 행복은 아이 스스로 해야만 느낄 수 있다. 또 한 번에 잡지 못하더라도 그때의 실패를 통해 두 번째는, 세 번째는 더 나아질 수 있다.

아이에게 '물고기를 스스로 잡을 기회를 주는 것', '실패의 기회를 주는 것'. '독립의 기회를 주는 것' 또한 부모의 중요한 역할이 아닐까?

참고 문헌 및 자료

이다랑, 『아이 마음에 상처 주지 않는 습관』, 길벗, 2019 | 「스스로 계획하고 실행하고 평가하는(자기주도적) 아이로 키우자」, 《매일경제》, 2017년 9월 4일 | 「"우리 아이 출석했는지 알려주세요" 대학가 '헬리콥터 맘·대디' 극성」, 《아시아경제》, 2020년 5월 8일 | 「성인남녀 55.8% "나는 캥거루족이다", 76% "부모에게 손 벌려」, 《Siglelist》, 2021년 2월 9일

GROWING

12

거짓말의
탄생

ON AIR

거짓말의 탄생 20210727

속고 속이는 이유

"자유롭게 이야기를 나눠보세요. 10분 드리겠습니다."
낯선 사람과 짧은 대화를 나눌 기회가 주어졌을 때 사람들은 얼마나 자주 거짓말을 할까?
참여한 사람 중 60퍼센트가 적어도 한 번 이상 거짓말을 했고 평균 거짓말을 한 횟수는 2~3회였다.

우리는 하루에 얼마나 많은 거짓말을 하며 지낼까?
누군가의 음료수가 엎어져 내 쪽으로 다 튀었을 때 사실은 매우 언짢지만, 사과하는 상대에게 "괜찮아요."

마음속으로 '저 스타일은 좀 별로'라고 생각하면서도
"패션 감각이 남다르시네요. 멋져요."
이런 사소한 거짓말까지 포함한다면 하루 동안 한 사람이 하는 거짓말은 평균 200회에 달한다고 한다.

사실 거짓말은 많은 에너지를 필요로 하는 일이다. 이야기를 꾸며내기 위해 앞뒤 상황을 조작해야 하고, 조작한 거짓말을 기억하기 위해 뇌는 진실을 말할 때보다 더 바빠진다. 거짓말을 할 때 목소리가 미묘하게 변하거나 과장된 표정이나 몸짓이 나오는 등 평소와 다른 행동이 나오는 이유도 과부하에 걸린 뇌가 감정통제에 실패했기 때문이다. 그런데 왜 인간은 때때로, 아니 자주, 진실보다 어려운 거짓을 택하는 것일까?

인간의 거짓된 행동이 처음 나타나는 시기는 생후 6개월이다. 아기는 부모의 관심을 끌기 위해 거짓 울음과 거짓 웃음을 보인다. 그리고 아이들은 점차 다양한 속임수의 기술을 배워나간다. 위기를 모면하기 위해 혹은 유리한 상황을 만들기 위해서 거짓말을 한다. 인간의 거짓말은 보통 3세, 이르면 2세가량부터 시작된다. 상황을 모면하기 위해, 더 많이 갖기 위해, 때로는 다른 사람에게 상처 주지 않기 위해 갖가지 이유로 서로 속고 속인다.

부모는 걱정이 된다.
'우리 아이가 정직하지 않은 사람으로 자라면 어쩌지?'

그러나 사실 거짓말을 한다는 것은 아이가 성장하고 있다는 증거이기도 하다. 정보를 종합해 진실을 구별해내는 판단력, 진실 혹은 거짓을 말했을 때 어떤 일이 생길지를 예상하는 예측 능력, 자기 말을 믿게 만들 수 있는 설득력, 다양한 인지 능력과 사회성 등을 갖춘 후에야 마침내 거짓말을 할 수 있다. 아이는 성장하는 과정에서 거짓말을 할 줄 아는 사람이 된다.

참고 문헌 및 자료

「Who's the world's biggest liar?」, 《The Guardian》, 2007년 11월 21일 | Robert S. Feldman, James A. Forrest, Benjamin R. Happ, 「Self-presentation and verbal deception: Do self-presenters lie more?」, 《Basic and applied social psychology》, 2002 | Vasudevi Reddy, 「Getting back to the rough ground: deception and 'social living'」, 《Philosophical Transactions of the Royal Society B Biological Science》, 2007 | 권오현, 「거짓말하는 아이는 나쁜 아이일까?」, 《전자신문》, 2018년 2월 5일

아이들은 모두 거짓말을 한다

아이들은 거짓말을 한다. 생각보다 이른 나이부터, 생각보다 자주 거짓말을 한다. 심리학자들은 빠르면 2세부터 거짓말이 무엇인지 알면서도 의도적으로 거짓말을 한다고 말한다. 아이들이 얼마나 자주 거짓말을 하는지 연구한 캐나다 워털루 대학교의 연구진에 의하면 4세 아이는 2시간에 1번, 6세 아이는 1시간 30분에 1번씩 거짓말을 한다고 한다.

전문가들에 의하면 아이의 거짓말은 인지능력의 발달 과정 중 하나라고 말한다. 연세대학교 심리학과 송현주 교수는 아이들이 거짓말을 한다는 것은 상당한 인지 능력을 지닌 증거라고 이야기한다. 거짓말을 하기 위해서는 과거의 일을 논리적으로 회상을 해내고 미래의 사건을 예견해낼 수 있는 능력이 있어야 하며, 결정적으로 다른 사람의 마음을 읽을 수 있는 능력이 굉장히 발달해야 가능하다는 것이다.

그렇다면 아이의 거짓말에는 어떻게 대처하는 게 옳을까? 거짓말 자체가 옳지 않은 일이기 때문에 일단 호되게 혼을 내서 다시는 못 하게 해야 한다고 생각하기 쉽다. 하지만 최근 연구 결과에 따르면 혼을 내는 것은 오히려 더 거짓말을 하게 만들 수 있다고 한다.

캐나다 맥길대학교의 교육 및 심리상담학과 빅토리아 탤와르Victoria Talwar 교수가 이끄는 연구진은 4세에서 8세 사이 372명의 어린이들을 상대로 실험을 했다. 실험은 간단했다. 연구진은 방 안에 있는 장난감을 엿보지 말라고 당부한 후 아이들을 1분간 방에 혼자 두었다. 관찰 카메라로 확인한 결과 실험에 참여한 372명의 아이들 중 67.2퍼센트에 해당하는 251명의 아이들이 장난감을 몰래 엿보았다. 아이들의 나이를 분석해보면 어릴수록 엿보는 아이들이 많았다. 1분 후 아이들에게 "혼자 있을 때 장난감을 보았니?"라고 질문했다. 몰래 본 아이들 251명 중 66.5퍼센트에 해당하는 167명은 보지 않았다고 거짓말을 했다. 나이를 분석하자 나이가 많을수록 더 능숙하게 거짓말을 했다.

연구진의 분석 결과는 다음과 같았다. 거짓말을 한 아이들은 혼날 것이 무서워 진실을 말하지 않았다고 한다. 그리고 진실을 말한 아이들은 그것을 통해 어른들을 기쁘게 하거나 스스로 옳은 일을 한 것에 대해 뿌듯함을 느끼게 되기 때문에 그렇게 하는 것이라고 답했다. 즉, 거짓말을 했을 때 혼났던 경험이

나 거짓말을 하면 크게 혼날 것이라는 협박성 말은 오히려 아이들이 거짓말을 하는 계기를 만들어줄 수 있다는 결론이다.

토론토대학교 응용심리학과의 강리 교수의 실험 역시 비슷한 결과를 보인다. 강리 교수는 장난감을 보지 말라고 지시해도 훔쳐본 아이들에게 거짓말의 부정적인 측면을 강조한 『피노키오』와 진실을 말하는 것이 옳은 행동임을 강조한 '조지 워싱턴의 어린 시절 일화'를 각각 읽어주었다. 그 후 거짓말의 빈도를 조사해보니 『피노키오』 이야기를 들은 아이들은 거짓말을 더 많이 했다고 한다. 거짓말은 나쁘다는 메시지가 전혀 통하지 않은 것이다. 반면 조지 워싱턴의 이야기를 들은 아이들은 거짓말의 빈도가 줄었다. 즉, 거짓말을 하지 않게 하기 위해서는 벌이나 훈계보다는 정직함의 중요함을 가르치는 쪽이 훨씬 효과적임을 알 수 있었다.

참고 문헌 및 자료

EBS 다큐프라임 〈퍼펙트베이비 3부-공감, 인간관계의 뿌리〉 | 「아이의 거짓말은 무엇을 의미하나」, 《대구신문》, 2019년 12월 12일 | 「[오주원의 뇌똑똑 자녀교육 9편] 거짓말 하는 아이의 뇌」, 《브레인미디어》, 2017년 11월 9일 | 「아이의 거짓말 어떻게 해야 할까요?」, 《정신의학신문》, 2017년 9월 15일 | 「아이의 거짓말 체벌만이 답은 아니다」, 《동아사이언스》, 2016년 10월 13일 | 「거짓말하는 아이가 나쁜 아이일까?」, 《전자신문》, 2018년 2월 5일 | 「4살~ 10살 아이들은 왜 툭하면 거짓말 할까」, 《코메디닷컴》, 2014년 12월 13일

GROWING

13

공부하는 가족

ON AIR

공부하는 가족 20151202

사교육 월드

우리는 모두 공부하는 가족입니다.

초등학교 5학년인 둘째는 월요일, 수요일, 금요일에는
수학 학원에 가고 화요일, 목요일, 금요일에는
영어 학원에 갑니다.
모두 중학교 과정입니다.
집에 와서 학원 숙제까지 마치면 어느새 밤 11시입니다.
이제 곧 겨울방학입니다.
아이는 한숨을 쉬며 방학에는 학원을 더 다녀야 해서
방학이 안 왔으면 좋겠다고 이야기합니다.

초등학생의 사교육 참여율 83.5퍼센트

—〈청소년 통계〉, 여성가족부, 2020년

중학교 2학년인 첫째도 공부를 합니다. 평일에는 전과목 보습학원에 다니고 주말에는 수학 과외를 받습니다. 고등학교 과정을 미리 배웁니다. 그런데 어쩐 일인지 성적이 점점 떨어집니다. 이해도 안 되는 걸 외우려고 하다보니 바보가 된 것만 같은 느낌입니다. 자꾸 잠만 옵니다.

"선행학습 위주의 사교육으로 학생들의 집중력이 약화되었고 공교육의 파행이 가중되었다."

—〈사교육비 지출에 영향을 주는 학교 특성의 분석〉 중에서

"무분별한 선행학습은 아이에게 스트레스를 주어 기억 중추신경에서 정보전달이 이루어지는 수상돌기가 망가지고 위축될 수 있다."

—서유헌, 한국 뇌연구원장

엄마도 공부합니다. 입학설명회, 경시대회 요강, 각종 교육 세미나, 학원 정보에 이르기까지 엄마도 공부할 것이 산더미입니다. 알면 알수록 아이에게 미리 시켜야 할 것들이 너무 많습니다. 며칠째 가계부를 보던 엄마는 새로운 공부를 시작했습니다. 엄마는 이제 취업공부를 합니다.

기혼여성이 취업을 원하는 이유, 1위 자녀교육비 마련

—〈자녀교육과 기혼여성의 노동 공급〉, 한국노동연구원, 2008년

아빠도 공부합니다.
퇴직 후에도 할 수 있는 일이 필요하기 때문입니다.
월급은 제자리인데 학원비는 점점 늘어갑니다.

우리나라의 사교육비 부담 세계 1위

— OECD, 2013년

사교육비로 인해 포기하는 것들
1위 노후대비 2위 문화생활 3위 건강관리

—〈사교육, 노후 불안의 주된 원인〉, 현대경제연구원, 2007년

참고 문헌 및 자료

임진국, 추정남 외 3인, 『에듀푸어』, 북오션, 2013 | 「국내 가구의 교육비 지출 구조 분석」, 현대경제연구원, 2012 | 「선행학습 효과에 관한 연구」, 한국교육개발원, 2002 | 김희삼, 「사교육비 지출에 영향을 주는 학교 특성의 분석」, 《노동경제논집》 제32권 제3호, 2009

높아지는 사교육비와 넓어지는 교육격차

"예비 고1의 학원비가 월 189만 원?"

중학교 3학년 자녀를 둔 부모가 아이의 학원비를 보고 쓴 글이 화제가 된 적이 있다. 학원비가 200만 원 가까이 나왔다는 사연에 '그 정도는 양호하다'는 의견부터 '무서워서 결혼도 못 하겠다'는 미혼남녀의 의견에 이르기까지 갑론을박이 이어졌다. 사교육비 문제는 어제오늘 이야기가 아니다. 한국교육개발원이 2022년 8월 공개한 〈세대별로 살펴본 교육에 대한 인식 변화〉 보고서에 따르면 자녀의 사교육비가 부담된다는 응답은 2001년 81.5퍼센트에서 2020년 94.3퍼센트로 19년 사이에 12.8퍼센트포인트 증가했다. 통계청과 여성가족부가 발표한 〈2020년 청소년 통계〉에 따르면 우리나라 청소년의 74.8퍼센트가 사교육을 받고 있다고 한다. 저학년일수록 사교육 참여 비율이 더 높은데 고등학생은 61퍼센트, 중학생 71.4퍼센트, 초등학생은 무려 83.5퍼센트에 달했다.

당연한 이야기지만 이에 비례하여 매해 사교육비는 하늘 높

우리나라 청소년의
74.8퍼센트가 사교육을 받고
있다고 한다. 초등학생은
무려 83.5퍼센트에 달했다.

은 줄 모르고 최고치를 경신하고 있다. 교육부와 통계청이 공동으로 전국 초·중·고교 3,000개 학급 약 7만 4,000명을 대상으로 한 〈2021년 초·중·고 사교육비 조사〉에 따르면 2021년 기준 사교육비 총액은 23조 4,000억 원으로, 2020년 19조 4,000억 원에서 무려 21퍼센트나 증가했다. 주당 사교육 참여시간 역시 6.7시간으로, 전년보다 1.5시간 늘어났다. 그러나 가구소득수준별로 사교육비 지출금액은 판이하게 다르다. 집단 간의 지출격차는 최대 5배까지 차이가 난다. 특히 가구소득 800만 원 이상인 집단은 200만 원 이하인 집단보다 사교육 참여율이 1.85배 높고, 사교육비 지출도 5.1배 높게 나타났다.

2012년 기준, 우리나라 가구 중 약 82만 4,000가구가 교육빈곤층Edu Poor이라고 한다. 부채가 있고 적자 상태임에도 평균보다 많은 교육비 지출로 빈곤하게 사는 가구의 가장 평균적인 모습은 대졸 이상의 학력의 40대 가장이 있는 중산층이다.

과거 '계층 이동의 사다리'로 불리던 교육이었지만 이제는 부모의 경제력이 자녀의 교육에 영향을 크게 미치면서 오히려 계층 대물림의 통로로 변질된 것처럼 보인다. 실제로 한국교육개발원KEDI이 발표한 〈교육 분야 양극화 추이 분석 기초연구〉를 보면 가구소득 600만 원 가정의 학생의 학업성취가 200만 원인 가정의 학생보다 월등히 높을 뿐 아니라 학년이

올라갈수록 그 격차가 뚜렷해진다. 일부는 부모의 경제력이 교육기회를 확대한다고 분석하기도 했다. 교육학자 크리스토퍼 헌Christopher J.Hurn은 『학교 교육과 사회』를 통해 교육 기회의 균등에 대해 이렇게 말했다.

"교육의 기회균등이란 개인이 지닌 성별, 인종, 계층 등과 같은 귀속적인 특성이 그들의 상승 이동 기회에 영향을 주지 않아야 하며, 대신 개인의 재능과 노력의 결과로 나타나는 불평등은 공명정대한 것으로 간주되어야 한다는 신념이다."

지금을 살아가는 어른들이 한 번쯤 같이 생각해볼 문제이다.

참고 문헌 및 자료

「교육 통한 계층 이동 사다리 붕괴...부모 소득이 학벌 되나」, 《메트로신문》, 2023년 1월 18일 | 「사교육비 역대 최고…고교생 월 64만 9000원 쓴다」, 《서울경제》, 2022년 3월 11일 | 「"으악! 예비 고1 학원비 月 189만 원" 사연에… 사교육비 우려·공감 쏟아졌다」, 《서울신문》, 2023년 1월 10일 | 「[2020 청소년] 청소년 74.8% 사교육 받아…여가로 '게임' 가장 많이 해」, 《뉴시스》, 2020년 4월 27일 | 「교육의 출발선은 평등한가」, 《한겨레》, 2006년 7월 9일

R E A L

PART

3

상처인 줄도 모르는 상처

IZING

말로도 때리지 마세요

아물지 않는 상처, 학교폭력

가장 쉽고 빠른 방법, 체벌

자살하는 사회

조용한 가족

여전히 지옥에 사는 아이들

REALIZING

14

말로도 때리지 마세요

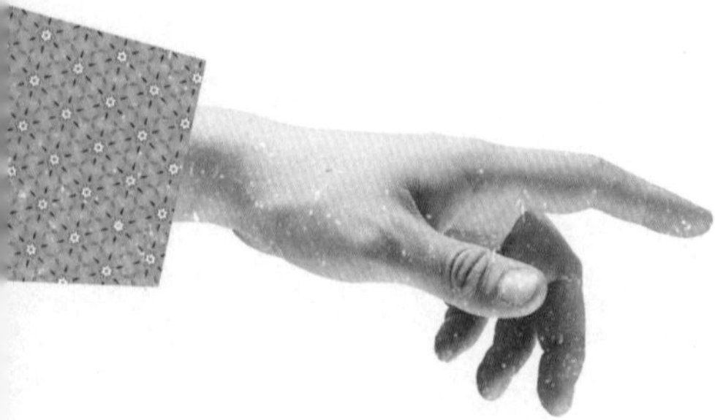

ON AIR

말로도 때리지 마세요 20200908

평생 남는 상처

"그런 말을 들으면 내 마음이 이렇게 변해요."

세이브더칠드런에서 '아이들에게 상처를 주는 말 100가지'를 선정해, 그 말을 들었을 때 아이들이 느끼는 감정을 표현하게 했다. 화가 나고 슬픈 표정의 그림에는 아이들의 마음이 고스란히 담겨 있었다.

"네 오빠의 반만이라도 따라가 봐!"
이 말을 들은 아이는 오빠와 자신이 반씩만 있는 그림을 그렸다.

"저랑 오빠랑 반씩만 있는 걸 그렸어요.
엄마는 오빠가 공부할 때마다 저에게 오빠의 반만이라도 따라가라고 말해요.
오빠랑 비교하지 않았으면 좋겠어요."

"너 같은 애는 내 자식도 아냐!"
이 말은 무서운 표정을 하고 허리에 손을 올리고 있는 악당이 되어 아이의 그림이 되었다.
아이는 이야기한다.
"이 말을 들으면 슬픈 마음이 들어요. 나는 엄마 아들을 계속 하고 싶으니까."

"셋 셀 때까지 해."
이 말을 듣고 한 아이는 도깨비처럼 무서운 얼굴을 하고 아이를 쫓아오는 숫자를 그렸다.
아이는 "엄마가 숫자를 세기 시작하면 마음이 떨려요. 혼날 것 같아서요"라고 이야기했다.

날카로운 말은 아이들의 마음에 흉터를 남긴다.
날카로운 말은 아이들의 몸에도 흔적을 남긴다.

"언어적 학대를 받으며 성장하는 것은

신체적으로 맞는 것 이상으로 뇌 발달에 영향을 미친다."

— 최지욱 교수, 가톨릭대학교 대전성모병원 정신건강의학과

언어적으로 학대받은 아이들의 뇌는 언어와 감정을 담당하는 영역의 신경회로가 좁아져 있었다. 언어폭력은 언어지능과 이해력을 저하시키고 아이를 불안하고 우울하게 만든다.

"아이를 위해 한 말이었는데 그렇게 상처받을 줄은 몰랐어요."

부모도 일부러 아이에게 상처 주기 위해 한 말은 아닐 것이다. 그 시작은 분명 사랑이었을 한마디가 아이의 마음과 뇌에 상처를 만든다. 말을 하기 전에 아이가 이 말을 들으면 어떤 감정일지 먼저 생각하자. 그리고 잘못한 일이 있다면 부모가 먼저 아이에게 미안하다고 사과해야 한다. 아이들은 그림을 통해 어른들에게 전한다.

"말로도 때리지 마세요.

아이도 어른과 똑같은 사람입니다."

참고 문헌 및 자료

세이브더칠드런 〈그리다, 100가지 말상처〉 캠페인 | 「몰랐어요. 상처가 될 줄은」, 〈그리다, 100가지 말상처〉 촬영 현장 이야기, 세이브더칠드런, 2019년 2월 25일 | 「"말 안 들으면 버리고 간다", "밥 안 준다"도 아동학대」, 《한겨레》, 2020년 6월 21일 | 「정서적 학대도 자녀 뇌 발달에 악영향」, YTN, 2016년 1월 28일

무심코 던진 말, 뇌에 상처를 남긴다

말은 '마음에 상처'를 남긴다고 한다. 실제로 언어폭력은 마음뿐만 아니라 신체에도 영향을 미친다. 가톨릭대학교 대전성모병원 정신건강의학과 최지욱 교수가 뇌의 확산텐서 자기공명영상DTI을 이용해 7세에서 13세 사이 가정 내 언어폭력을 경험한 20세에서 25세 여성 16명과 남성 4명을 대상으로 실험을 진행했다. 그 결과 이들에게는 뇌의 특정 부분이 손상된 것으로 나타났다. 어린 시절 부모의 언어 학대를 경험한 경우 뇌의 전뇌와 측두부, 대뇌변연계 등 서로 다른 영역을 연결하는 섬유 부분에서 문제가 발생한다고 한다. 뇌가 욕설이나 질타 등 유해한 신호를 접하면 감각중추의 발전을 저해해 정상적인 뇌 활동에 문제를 일으켜 뇌의 성장과 크기에도 영향을 미친다는 것이다.

미국 하버드대학교 의대 마틴 타이커Martin Ticker 교수팀이 2010년 12월 『미국정신건강의학지』에 게재한 논문에 따르면 어린 시절 언어폭력을 당한 성인 63명의 뇌를 조사한 결과 그

말은 '마음에 상처'를 남긴다. 실제로 언어폭력은 마음뿐만 아니라 신체에도 영향을 미친다.

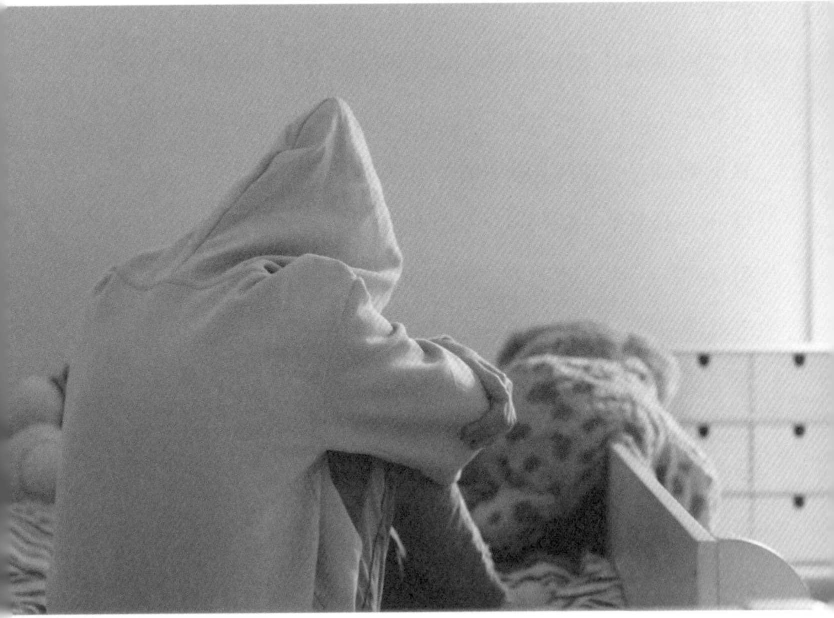

렇지 않은 사람보다 '뇌들보(뇌량)'와 '해마' 부위가 위축되어 있었다는 것을 밝혀냈다. 뇌들보는 좌뇌와 우뇌를 연결해주는 다리로, 이곳이 손상되면 양쪽 뇌의 정보 교류가 원활하지 못해 언어능력이나 사회성에 문제가 생긴다. 해마는 감정과 기억을 담당하는 부위로, 해마에 문제가 생기면 기억력과 학습능력이 떨어지는 것은 물론 쉽게 불안해하고 우울증을 앓을 확률이 2배 이상 높아질 수 있다고 한다. 또 이 영역에서 꾸준히 신경세포를 만들어내기 때문에 상처를 입게 되면 신경재생이 어려워져 정신질환에 시달릴 가능성이 높아진다.

일본 후쿠이대학 아동마음발달센터 도모다 아케미友田明美 교수의『아이의 뇌에 상처 입히는 부모들』에 따르면 갓 태어났을 때 겨우 300그램에 불과한 인간의 뇌는 생존하면서 서서히 생존요령을 습득해간다고 한다. 특히 뇌가 외부의 영향에 민감해지는 중요한 시기가 있는데 바로 태아기, 영유아기, 사춘기다.

인생의 초기 단계에 부모로부터 받는 적절한 보살핌과 사랑은 뇌의 건전한 발달을 위해 꼭 필요하다. 이 시기에 극도의 스트레스를 받으면 아이의 섬세한 뇌는 고통에 어떻게든 적응하기 위해 스스로 변형해버리고 만다. 그리고 그 결과 뇌의 기능에도 영향을 미쳐 정상적인 발달을 저해하고 평생에 걸쳐 후

유증을 남기고 만다.

최근 동서대학교 미디어커뮤니케이션계열 광고홍보학과 학생들이 세계 3대 국제 광고제인 클리오어워즈CLIO Awards에서 은상을 수상하는 쾌거를 이루어냈다. 수상작은 '멍드는 인형Bruised Doll'. 부모의 목소리와 부모가 말한 단어를 인식하는 삼성의 AI 기술을 인형에 접목해 부모의 말이 고함, 혹은 욕설일 경우에 인형의 몸과 얼굴에 파랗게 멍이 드는 인형이다.

만약 우리 아이들도 '멍드는 인형'처럼 언어폭력을 들을 때마다 몸에 상처가 생긴다면 과연 충동적으로, 나도 모르게 아이에게 상처 되는 말을 내뱉을 수 있을까? 혼낸다는 이유로 고함을 지르고 받아들이기 힘든 말을 할 수 있을까? 사랑하는 아이의 작은 상처 하나에도 마음이 무너지는 게 부모다. 눈에 보이지는 않지만 부모의 잘못된 언어폭력이 아이들의 뇌에 '멍드는 인형'처럼 분명한 상처를 내고 있다. 시간이 지나면 어느 정도 회복되는 몸의 상처와 달리 뇌에 난 상처는 평생에 걸쳐 아이들에게 영향을 준다.

참고 문헌 및 자료

양은우, 『처음 만나는 뇌과학 이야기』, 카시오페아, 2016 | 도모다 아케미, 『아이의 뇌에 상처 입히는 부모들』, 이은미 옮김, 북라이프, 2019 | 「부모의 언어학대, 아이 IQ 낮춘다」, 《동아사이언스》, 2014년 2월 21일 | 「어릴 적 심한 욕설 들으면 뇌까지 평생 상처 입는다」, 《동아일보》, 2012년 4월 20일 | 「부모 고함·욕설에 '멍드는 인형' …동서대 광고작품 '클리오어워즈'」, 《헤럴드경제》, 2021년 5월 12일

REALIZING

15

아물지 않는 상처,
학교폭력

ON AIR

나는 누구인가요? 20210331

오랜 상처로 잠들지 못하는 밤

학교폭력으로 상담실을 찾는 학생들이 있다.
그런데 학교폭력으로 상담실을 찾는 건 아이들만이 아니다.
오랜 상처에 여전히 잠들지 못하는 어른들이 있다.

누구는 장난이었다고 말하지만, 누구에겐 평생을 따라다니는 트라우마가 된다. 같은 수업을 듣고 같은 급식을 먹고 같은 운동장을 뛰지만 모두에게 같은 공간은 아니다. 누군가에겐 친구들과의 대화가 스트레스를 해소하는 탈출구지만 다른 누군가는 '제발 학교 안 가도 되는 세상이 오기를' 꿈꾼다.

"자아는 처음부터 존재하는 실체가 아니라
타인의 태도를 받아들이면서 내면화한다."

— 조지 미드, 『정신·자아·사회』 중에서

학창 시절 경험한 학교폭력은 자신을 무기력하게 한다. 자신에게 폭력을 행사한 상대보다 스스로가 더 미워지고 자신을 '찌질하고 하찮은 존재'로 여긴다. 자신을 비웃은 상대처럼 세상 모든 사람이 다 자신을 비웃는 것처럼 여길 수 있다.

"주변 사람들이 자신을 바라보듯 우리는 스스로를 관찰하면서
자아정체성을 형성해나간다."

— 조지 미드, 『정신·자아·사회』 중에서

청소년기는 부모에게서 독립을 준비하는 시기이다.
그리고 친구의 영향력이 큰 시기이기도 하다.
무심코 던진 친구의 말 한마디조차 신경이 쓰이는데
끔찍했던 학교폭력에 대한 기억은 시간이 흘러도 좀처럼 옅어지지 않는다. 어른이 되어도 자신을 향해 보내던 그 녀석의 시선에 대한 기억은 사라지지 않는다.

어릴 적 그 녀석의 시선으로 인해 자아상이 굳어지고 만다.

학교폭력 예방·피해 지원 단체인 푸른나무재단에 따르면 청소년기에 당했던 학교폭력에 대한 성인들의 상담 건수는 현재 학생들의 학교폭력 상담 건수보다 많다.

참고 문헌 및 자료

조지 허버트 미드, 『정신·자아·사회』, 나은영 옮김, 한길사, 2010 | 나은영, 『조지 허버트 미드』, 커뮤니케이션북스, 2017 | 김지선, 「청소년 문제와 자아실현」, 이화여자대학교 교육대학원, 2012

너는 아무 잘못이 없어

최근 드라마 〈더 글로리〉가 화제가 되며 학교폭력 문제가 다시 대두되고 있다. 또한 학폭미투Me too를 고백하는 이들이 늘면서 성인이 된 이들이 과거의 학교폭력 트라우마로 인한 괴로움을 호소하고 있다. 하지만 과거에 일어난 학교폭력의 가해자를 처벌하기는 어려운 것이 현실이다. 대한변호사협회로부터 '학교폭력 전문변호사 1호'로 인증을 받은 노윤호 변호사에 따르면 특수폭행 등 폭력과 관련된 죄명은 공소시효가 길어야 7년이기 때문에 오랜 시일이 지난 경우 입증과 처벌이 쉽지 않다고 한다. 그럼에도 성인들의 학교폭력에 대한 폭로가 이어지는 것은 왜일까.

문용린 푸른나무재단 이사장은 학교폭력이 벌어진 당시 피해 극복이 제대로 이뤄지지 않았기 때문이라고 언급했다. 그는 학교폭력을 해소하는 근본적인 해결책은 '화해'와 '용서'이며, 인간관계를 회복시키는 일이 핵심인데 현장에선 학교폭력 사건을 일반 범죄 사건처럼 취급해버리는 게 문제라고 설명한다. 학교폭력에 대한 해결책이 피해자의 마음 회복이 아닌 가해자 처벌에만 너무 집중되어 있다는 것이다.

학교폭력의 경험담이 담긴 『여섯 개의 폭력』의 저자 중 한 명인 조희정 씨는 고등학교 시절부터 점차 학교폭력은 사라졌지만 마음에는 여전히 큰 상흔이 남아 있다고 고백했다. "학교폭력 문제가 발생했을 때 제대로 해결하지 못했잖아요. 그 억울하고도 힘들었던 감정들을 질질 끌고 오다 보니까, 평범하게 사는 것조차 힘들 때가 있더라고요."

학교폭력은 피해자를 되레 가해자로 만들기도 한다. 피해자들은 자신에게 학교폭력이 일어나는 이유가 자기 때문이라고 생각해 자책하는 경우가 많다. 가해자에게 쉽게 표출하기 어려운 분노가 가장 쉬운 타깃인 자신을 향하는 것이다. 몸의 상처를 치료하듯 마음의 상처를 치료하는 과정이 피해자들에게는 절실히 필요하다.

유튜브 영상 〈왕따였던 어른들〉의 출연자들은 당시를 회상하며 이렇게 이야기했다.

"왕따를 당하면 정말 무서운 게, 내가 나를 놓게 만드는 그 모든 게 다 합리화가 되는 것 같아요. 너는 너를 챙길 가치도 없는 애야. 너는 이대로 있다가 먼지처럼 사라져도 아무도

모를 거야."

"제가 당하면서 가장 후회되는 게 자꾸 문제는 바깥에서 들어오는데 저 자신을 깎았어요. 근본적으로 내 잘못이 아닌데 스스로 저를 욕했어요."

가해자들의 반복되는 욕설과 폭력은 피해자에게 내면화되고 '나는 이렇게 당해도 되는 사람인가 보다'라고 생각하고 피해자인 자신을 용서하지 못했다고 고백한다. 교육부가 발표한 〈2020 학교폭력 실태조사〉에 따르면 학교폭력 가해 경험을 한 응답자의 28.1퍼센트가 '장난이나 특별한 이유 없이' 학교폭력을 저질렀다고 답했다. 가해자들의 '그냥 장난'이 피해자들에게는 평생을 지배하는 마음의 상처가 된다. 학교폭력의 기억을 안고 어른이 된 사람들의 인터뷰가 담긴 『나의 가해자들에게』에 따르면 설문조사에 참여한 402명의 응답자 중 96퍼센트가 그때의 기억이 현재의 자신에게 영향을 미치고 있다고 답했다고 한다.

참고 문헌 및 자료

씨리얼, 『나의 가해자들에게』, 알에이치코리아, 2019 | 이은혜, 황예솔, 임지영, 조희정, 이모르, 김효진, 『여섯 개의 폭력』, 글항아리, 2021 | 「피할 수 있다면 피했으면 좋겠어요 - 왕따였던 어른들 남자반」, 〈유튜브 채널 씨리얼〉 | 「웃으면 이빨 깐다고 화장실에 끌려갔어요 - 왕따였던 어른들 여자반」, 〈유튜브 채널 씨리얼〉 | 「"학교폭력 대처 방향 근본적으로 틀려… 피해자 치유에 집중해야"」, 《조선일보》, 2021년 9월 6일 | 「한때 '왕따였던 어른들'의 고백」, 《오마이뉴스》, 2020년 4월 30일 | 「학창시절 학폭 피해, 성인 됐다고 잊힐까요」, 《한겨레》, 2021년 2월 24일 | 「평범한 삶 살면서도 죄책감 들었다…피해자들이 말하는 '학폭'」, 《노컷뉴스》, 2021년 5월 25일

REALIZING

16

가장 쉽고 빠른 방법,
체벌

ON AIR

가장 쉽고 빠른 방법 20180827

體訓

스웨덴의 무모한 실험

노예 체벌은 안 돼도 자녀 체벌은 가능했던 나라,
자녀 살해는 상대적으로 처벌이 약했던 나라,
노인과 아내, 자녀와 하인에게 매질이 허용되었던 나라.
스웨덴은 이런 나라였다.

1975년, 스웨덴에서 끔찍한 아동학대 사건이 발생했다. 아이 몸 전체에 상처를 남기고도 아이의 아버지는 처벌을 받지 않았다. 여론은 분노에 휩싸였고, '아동학대자 처벌을 강화하라'고 외쳤다. 하지만 결과는 의외였다. '아동학대자 처벌 강화법'이 아닌 '자녀 체벌금지 법안'이 통과되었다.

'어린이는 인격과 개성을 존중받아야 하며 체벌을 포함해 어떤 모욕적인 대우를 받으면 안 된다.'

— 스웨덴 부모법 제6장 제1절(1979년 개정)

'스웨덴이 미쳤다.'
'무모한 실험이다.'
부모들과 언론으로부터 거센 비난이 쏟아졌다.
'이 법은 모든 부모를 범죄자로 만들 것이다'라며 반발했다.
국민의 약 70퍼센트가 체벌금지법에 반대했다.

정부는 강력한 법 집행에 앞선 대대적인 홍보 캠페인을 진행하기로 했다.
우유 팩에 체벌금지법을 알리는 그림을 실었고
"당신은 체벌 없이 성공적으로 아이를 키울 수 있습니까?"라는 제목의 브로슈어가 각 가정에 전달됐다.

체벌금지법의 진짜 목적은 '처벌'이 아닌 '인식전환'에 있었다. 체벌금지법이 도입되고 2년 뒤인 1981년
'자녀 체벌이 불법이라는 사실을 알고 있는가'라는 질문에
약 90퍼센트가 '알고 있다'라고 답했으며,

35년 후인 2014년에는 90퍼센트가 아이를 때리는 행위는 잘못된 행동이라고 생각했다. 5세에서 6세 사이의 자녀가 있는 부모에게 '체벌을 사용한 적이 있는가'라는 질문에 1960년대에는 약 95퍼센트가 그렇다고 답했지만, 2010년도에는 10퍼센트에 불과했다.

스웨덴의 저명한 소아 전문의이자 아동 권리 전문가인 스타판 얀손 칼스타드 대학 교수는 오랜 연구 결과 자녀 체벌의 효과를 단 한 가지 발견했다. 바로 '즉각적인 명령 준수'다. 그것은 수많은 장기적 손해 가운데 유일한 단기적 효과였다.

스웨덴은 자녀 체벌을 금지한 세계 최초의 나라다. 스웨덴을 시작으로 이제는 세계 62개국이 자녀 체벌을 법으로 금지하고 있다.

'폭력, 위협, 협박을 사용하지 않고도
갈등을 해결하는 방법을 가르쳐야 하는 것은
성인의 책임입니다.'

— 스웨덴의 『체벌 폐지 후 35년 보고서』 중에서

참고 문헌 및 자료

김희경, 『이상한 정상가족』, 동아시아, 2022 | 「스웨덴은 왜 '자녀 체벌' 금지했나」, 《시사IN》, 2018년 7월 25일 | 「48개국 모든 아동 체벌 금지… 국내도 범죄로 처벌 입법 필요」, 《한겨레》, 2016년 1월 24일

부엌 선반에 돌멩이를 올려두세요

1978년, 스웨덴에서는 한창 자녀 체벌금지에 관한 논쟁이 벌어지고 있었다. 당시 학교에서의 체벌은 이미 금지돼 있었지만 가정에서의 아동 체벌은 법적인 규제가 전혀 없었다. 그 해 『내 이름은 삐삐 롱스타킹』으로 잘 알려진 스웨덴 동화작가 아스트리드 린드그렌Astrid Lindgren은 독일 도서 무역 평화상 수락 연설 말미에 다음과 같은 일화를 소개했다.

아들과 엄마가 있었습니다. 어느 날 말썽을 부린 아들을 단단히 야단쳐야겠다고 결심한 엄마는 이렇게 말합니다.

"나쁜 행동을 했으니 회초리로 사용할 자작나무를 찾아오렴."

한참 후 돌아온 아이는 회초리 대신 돌멩이 하나를 손에 들고 울며 이야기했습니다.

"자작나무는 찾을 수 없었지만 여기 엄마가 저에게 던질 수 있는 돌이 있어요."

아들은 '엄마는 내가 상처 입는 걸 원하니 이 돌멩이를 써도 되겠지'라고 생각했던 거죠.

그 후 엄마는 '폭력은 절대 안 된다'고 결심했습니다.

아들이 가져온 돌멩이를 부엌 선반에 올려두고 돌멩이를 볼 때마다 그 결심을 떠올렸다고 합니다.

'폭력은 어떠한 경우에도 절대 안 된다'는 메시지를 담은 이 일화와 그의 연설은 많은 사람들의 마음을 울렸고, 1979년 스웨덴은 전 세계에서 최초로 가정 내에서의 체벌을 법적으로 금지했다. 그리고 핀란드(1983년), 노르웨이(1987년) 등 북유럽 국가들을 중심으로 체벌을 법으로 금지하기 시작해, 독일(2000년), 스페인·뉴질랜드·네덜란드(2007년), 브라질·아르헨티나(2014년), 몽골(2016년), 네팔(2017년), 프랑스·남아프리카공화국(2019), 일본·기니(2020) 그리고 대한민국(2021년) 등 현재 총 62개국이 가정 내 자녀의 체벌을 법으로 금지하고 있다.

우리나라의 경우 1958년 민법이 제정된 이래 단 한 차례도 개정되지 않은 채 유지했던 자녀의 보호나 교양을 위해 필요한 징계를 할 수 있다는 내용의 민법상 징계권 조항(구 제915조)이 2021년 1월 무려 63년 만에 폐지되면서 부모의 자녀 체벌이 금지되었다. 하지만 체벌금지에 대한 인식 전환은 상당히 부족한 실정이다. 심지어 법으로 금지되어 있다는 사실조차 알고 있는 사람이 별로 없다. 초록우산어린이재단의 설문에 따르면 응답자 부모 중 66.7퍼센트는 자녀처벌이 금지된 사실에 대해 전혀 알지 못하고 있었으며, 아동의 경우는 무려 80퍼센트가 모른다고 답했다. 게다가 여전히 체벌이 필요하다고 보는 인식도 강하다. 2020년 보건복지부가 1명 이상 자녀가 있는 만 25세에서 55세 부모 1,000명을 대상으로 설문조사를 한 결과에 따르면 아동 훈육을 위한 체벌이 필요하다고 답한 비율이 66퍼센트로 여전히 높았다.

보건복지부에서 발표한 〈2020년 아동학대 연차 보고서〉에 따르면 총 아동학대 사례 3만 905건 중 학대 행위자가 부모인 것으로 밝혀진 건은 전체의 82.1퍼센트인 무려 2만 5,380건이었다. 10건 중 8건은 가해자가 부모인 것이다.

'부엌 선반에 돌멩이를 하나 놓아두고 결코 폭력은 안 된다는 것을 우리 자신과 아이들에게 환기시킨다면 좋을 것 같습니다.'

린드그렌은 마지막에 이렇게 제안하며 연설을 마무리했다. 40여 년 전의 연설이지만 지금 우리에게 꼭 필요한 말이기도 하다. 우리에게도 돌멩이의 교훈이 필요하다.

참고 문헌 및 자료

아스트리드 린드그렌, 『폭력에 반대합니다』, 이유진 옮김, 위고, 2021 | 「"부엌 선반에 작은 돌멩이를 올려두자"」, 《위드인뉴스》, 2021년 6월 18일 | 「부모 66퍼센트 아직도 "아동 체벌 필요"…정부, 인식 개선 캠페인」, 《국민일보》, 2021년 6월 1일 | 「아동학대 가해자, 부모가 82퍼센트… 체벌금지 인식전환 시급」, 《이데일리》, 2021년 8월 31일 | 「"회초리가 없어서 돌멩이 가져왔어요" 어린 아들의 말에 엄마는…」, 《동아일보》, 2019년 8월 27일 | 「"작은 돌멩이 하나 올려두라" 영혼을 갉아먹는 폭력에 맞서는 법」, 《한국일보》, 2021년 5월 6일 | 「한국, 세계 62번째 '아동 체벌금지국가'…사회개선 기회」, 《이데일리》, 2021년 3월 26일

REALIZING

17

자살하는 사회

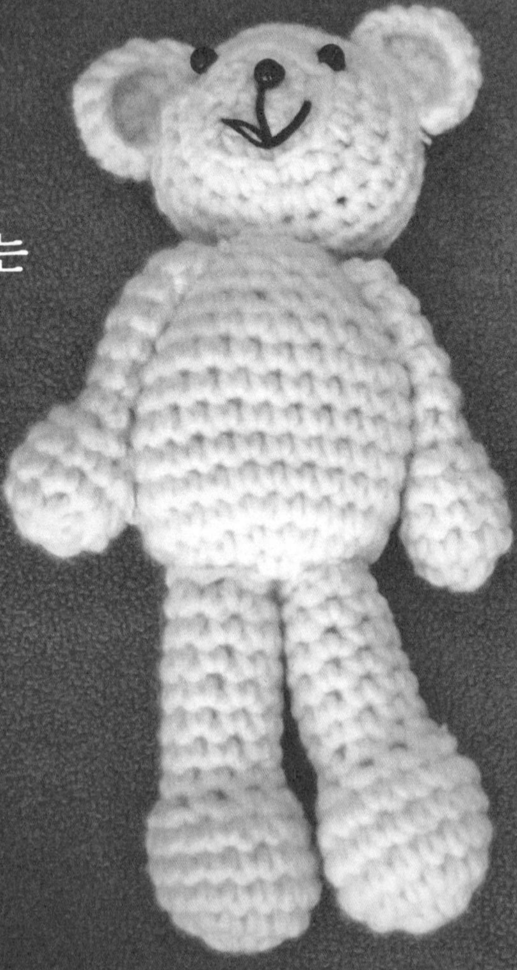

ON AIR

남겨진 사람들 20120611

하루 36명, 39분에 한 명

남겨진 가족

하루 36명, 39분에 한 명씩 자살한다.

—통계청, 2021년

한 명의 자살은 가족 모두에게 치명적 영향을 미친다. 그중 자살 고위험군은 아이를 지켜주지 못했다는 무거운 죄책감을 가진 부모다.

"아이가 15층까지 올라가면서

친구들과 엄마에게 문자를 보냈어요.

고마웠다고, 사랑한다고.

계단을 한 칸씩 올라가면서 도와달라고 신호를 보낸 건데 저는 잠만 자고 있었어요."

"사고는 일단 원망의 대상이 있잖아요.
그런데 자살은 부모인 내 책임 같아요.
자식을 그렇게 묻고 나면 침대에서 편히 못 자요.
일부러 소파 같은 데서 불편하게 자요."

부모는 가슴에조차 자식을 묻지 못한다.

"반찬을 무심코 해놓고 보면 애가 좋아하던 음식이에요.
식탁에 올리기는 하는데 아무도 못 먹어요."

자살 유가족의 경우 병원 이용률은 평균적으로 4배 이상 높다고 한다.

"순간적으로 눈에서 피가 철철 흘렀어요.
충격 때문에 각막이 터져버린 거래요.
차라리 아무것도 안 보고 싶어요."

"암 선고가 내려지면 더 편해질 것 같아요.
차라리 잘됐다 싶을 것 같고요.
산다는 것 자체가 고통인 줄 몰랐어요."

자살 유가족은 연간 10만 명에 이른다. 세계보건기구WTO의 〈자살예방지침서〉에 따르면 자살 유가족이 자살을 선택할 확률은 일반인의 7배에 달한다고 한다. 미국 자살예방협회에서 발간하는 『자살 유가족을 위한 핸드북』에는 자살 생존자Suicide Survivor라는 말이 있다. 자살 충동을 이겨내며 정신적 고통에서 살아남은 유가족을 일컫는 말이다.

자살 생존자, 살아남은 가족들은 말한다.

"남겨진 가족이 얼마나 아픈 줄 알기 때문에,
자살한 사람의 가족은 자살할 수가 없어요.
그래도 아침에 나갈 때마다 집을 정리해놓고 나가요.
'다시 이 자리로 돌아올 수 있을까.'
그런 생각을 하면서요."

참고 문헌 및 자료

질 비알로스키, 『너의 그림자를 읽다』, 김명진 옮김, 북폴리오, 2012 | 토머스 조이너, 『자살에 대한 오해와 편견』, 지여울 옮김, 베이직북스, 2011 | 비벌리 코베인, 진 라치, 『말할 수 없는 고통의 치유』, 이혜선, 육성필, 김신향 옮김, 시그마프레스, 2010 | 홍현숙, 「가족의 자살사망이 유가족의 정신건강에 미치는 영향」, 가톨릭대학교 대학원, 2007 | 김가득, 「자살로 자녀를 잃은 부모의 경험」, 전북대학교 대학원, 2012

우리 자연사하자

2020년, 코로나19로 사망한 10대의 수는 0명이었지만, 같은 해 자살한 10대는 148명에 달했다. 코로나19로부터 아이들을 지키기 위해 학교 문을 닫고 아이들을 집에 머물게 했다. 아이들은 과연 안전했을까?

초록우산어린이재단의 〈2021 아동행복지수-온·오프라인 등교 방식에 따른 일상 차이와 코로나19 전후 아동 상황 진단(전국 초등학교 4학년에서 고등학교 2학년 1,825명을 대상으로 진행)〉에 따르면 코로나19 발생 전인 2018년에 비해 아이들의 '우울·불안'이 1.17점(3점 만점)에서 1.24점으로 증가했다. 공격성 수치는 상승했고(0.05점 증가, 3점 만점), 외로움을 더 느낀다고 답했다(0.04점 증가, 3점 만점). '심각하게 자살을 생각한 적이 있느냐'는 질문에 '그렇다'고 답한 아이들의 비율도 1.4퍼센트에서 4.4퍼센트로 증가하며 코로나19가 아이들의 정신건강을 위협하고 있음이 확인됐다.

10대들의 자살률은 계속해서 늘고 있었다. 실제로 우리나라 청소년(9세~24세)의 사망 원인 1위는 9년째 '자살'이다. 2018년 자살로 세상을 떠난 청소년은 10만 명당 9.1명이었다. 같은 기간 사고와 암으로 사망한 청소년은 각각 10만 명당 4.6명, 2.9명인 것을 고려하면 압도적으로 높은 수치다.

누가, 왜 이들을 절망의 끝으로 내모는 것일까? 청소년들은 왜 죽고 싶어하는 걸까? 한국청소년정책연구원의 〈2016년 아동·청소년 인권 실태 조사〉를 살펴보면 자살 원인으로는 학교 성적이 40.7퍼센트로 가장 많았다. 이어 기타(27.3퍼센트), 가족 간의 갈등(22.1퍼센트), 선후배나 또래와의 갈등(8.3퍼센트), 경제적인 어려움(1.7퍼센트)이 뒤를 이었다.

조사 결과대로 성적과 가족 친구와의 갈등이 아이들이 극단적인 선택을 하는 주 원인이라면, 코로나19로 인해 아이들은 더욱 깊은 절망에 빠져 있으리라 쉽게 짐작할 수 있다. 전염병의 확산으로 인한 교육 양극화로 학습 격차는 더 심각해졌고, 집에 있는 시간이 늘어 부모와의 갈등이 늘었으며, 또한 학교에 가지 않으니 친구들과 정서적 교류를 나눌 기회도 줄어들었다.

"너무 열심히 일하지는 마. 일단 오래 살고 볼 일이야.

너무 말 잘 듣는 아이가 되지 마.

10대들의 자살률은
계속해서 늘고 있었다.
실제로 우리나라 청소년의
사망 원인 1위는 9년째
'자살'이다.

일단 내가 살고 볼 일이야.

힘들 땐 힘들다, 무서울 땐 무서워.

말해도 괜찮아. 울어도 괜찮아."

— 미미시스터즈, 〈우리, 자연사하자〉 중에서

미미시스터즈의 자살 방지 캠페인송 〈우리, 자연사하자〉의 가사 중 일부다. '젊어서 고생은 사서도 한다'고 코너로 몰고, '고생 끝에 낙이 온다'고 행복을 유보하게 만드는 어른 대신 아이들에게 '괜찮다'고 말해주는 어른이 늘어난다면 어떨까. 너무 열심히 살지 않아도 된다고, 그 자체로 소중한 삶이라고 다독여주는 어른이 많아진다면 아이들이 조금은 더 힘을 낼 수 있을까? 절망 대신 희망을 만날 수 있을까?

참고 문헌 및 자료

「자해는 살려달라는 SOS…코로나시대 10대들이 위험하다」, 《매일경제》, 2021년 8월 15일 | 「[2020 자살 리포트] 위기의 10대 "어른한테 털어놓으면 나아져요?"」, 《시사저널》, 2020년 5월 25일 | 「"코로나 사망 0명, 자살 학생은 몇 명인지 아는가"」, 《오마이뉴스》, 2021년 3월 22일 | 「코로나 블루 위험수위…우울증 상담 72% 폭증」, 《매일경제》, 2021년 8월 15일

REALIZING

18

조용한 가족

ON AIR

조용한 가족 20160628

대화가 사라지고 있다

청소년들이 말한다.

스마트폰이 생긴 후 가장 불편한 점은,

…… **엄마에게 잔소리 전화가 와요!**

"이게 방이냐? 돼지우리지? 좀 치워라!"

"몇 시인데 이제 들어와?"

"일찍 좀 일어나!"

"종일 휴대폰만 보고 있어?"

"숙제는 다 했니?"

"게임 좀 그만해!"

"옆집 애는 이번에 시험 잘 봤더라."
"너는 어쩌려고 그러니?"
…… 으악!

고등학생 2명 중 1명은 집에서 대화하는 시간이
하루 30분 미만이라고 한다.
부모님과 대화하기 싫은 가장 큰 이유로는
공부 및 성적 중심의 대화여서,
두 번째 이유는 부모님의 생각 강요,
세 번째로는 지시하거나 명령하는 말투가 뒤이었다.
청소년 5명 중 1명은 '엄마 아빠는 나를 이해 못 해'라고
생각한다.
부모는 자녀의 "엄마 아빠와는 말이 잘 안 통해요"라는
말에 가장 상처받는다.

"일단 부모의 잔소리가 시작되면 청소년의 뇌는
부정적 감정을 인식하는 부분만 활성화되고
부모의 의도를 이해하는 뇌의 활동은 차단되는
현상이 나타난다."

—〈엄마의 잔소리에 대한 청소년들의 신경 반응 연구〉 중에서

서울대병원 정신건강의학과 윤대현 교수는 '아끼는 사람에 대한 걱정과 관심이 불안한 마음과 합쳐져서 나타나는 역기능적 대화가 잔소리다'라고 말한다. 그렇다면 대화와 잔소리의 차이는 무엇일까? 대화에는 공감이 있지만 잔소리에는 없고, 대화에는 감정 조절이 있지만 잔소리에는 없고, 대화에는 원칙이 있지만 잔소리에는 없다.

한국가정문화연구소 김대현 소장은 '지금 부모 세대들은 그들의 부모로부터 말로 상처를 받은 사람이며, 대화하는 법을 배우지 못한 채 부모가 된 이들은 아이들과 대화하면서 자신도 모르게 상처를 대물림하게 된다'라고 설명했다.

그렇다면 가족에게 가장 듣고 싶은 말은 무엇일까.

"실수해도 괜찮아!"
"수고했어요!"
"고마워요."

감사와 칭찬의 말 아닐까.

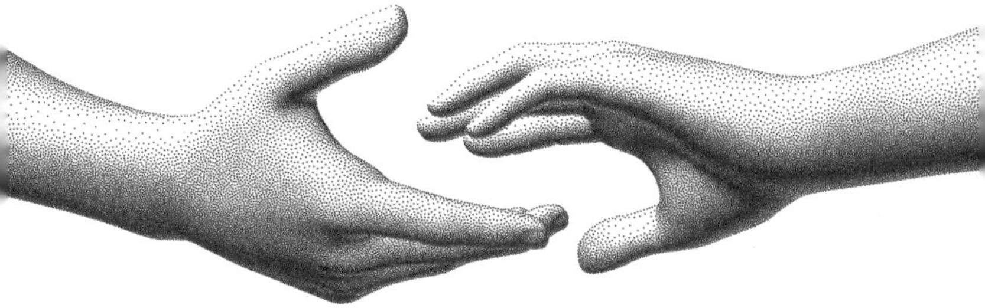

참고 문헌 및 자료

「우리 가족 대화가 필요해?」, 한국과학창의재단, 2014 | 「청소년 가족관계실태 분석 결과」, 여성가족부, 2011 | 「5차 저출산인식 설문조사」, 인구보건복지협회, 2013 | 「직장인 피로해소 설문조사」, 파인드잡, 2015 | 「국어정책통계연감」, 국립국어원, 2015 | 「경제 위기와 가족」, 동아시아연구원·한국리서치, 2009 | 「24시간 생활전선에 내몰린 가족… 대화할 시간도 여력도 없다」, 《한국일보》, 2015년 6월 8일 | Team of researchers from the Univesities of Pittsburgh, 「Neural responses to material criticism in healthy youth」, 《California-Berkeley and Harvard》, 2014

10대들은 어떤 대화를 하고 싶을까

대화對話의 사전적 의미는 '마주 대하고 이야기를 주고받음, 또는 그 이야기'다. 대화의 기본은 서로 마주하는 데 있지만 요즘 아이들과 부모는 서로 마주할 시간조차 많지 않은 것이 현실이다. 초록우산어린이재단의 조사에 따르면 우리나라 학생들이 하루 평균 가족과 함께 보내는 시간은 단 13분에 불과했다(초·중·고등학생 571명 대상, 평일 기준). 하루 24시간 중 고작 0.9퍼센트의 시간만을 가족과 시간을 공유한다. 학교생활과 공부, 여가생활에 각각 331분, 190분, 97분을 쓰는 데 비해 현저히 적은 시간이다.

아이와 함께하는 시간이 적은 것도 문제지만, 아이와 어떻게 대화를 해야 할지 모르겠다고 어려움을 호소하는 부모 또한 적지 않다. 한 인터넷서점의 출판 트렌드 분석에 의하면 자녀교육서 누적 판매량을 추출, 비교했을 때 눈에 띄는 가장 큰 변화는 최근 5년 동안 '자녀와의 대화법'을 다룬 책이 큰 호응을 얻은 것이었다. 자녀와의 대화법은 지방자치단체나 교육기관에서 부모를 대상으로 여는 강연의 단골 주제기도 하다.

특히 사춘기 자녀와의 대화가 어렵다고 고백하는 부모가 많다. 부모 눈에는 여전히 한없이 어리고 걱정스러운데 아이는 자신만의 세계를 단단하게 만들기 시작한다. 부모가 차지했던 영향력은 친구, 선생님, 아이돌 스타 등이 대신하기 시작한다. 정신건강의학과 전문의 오은영 박사는 "부모는 청소년기가 되면 아이와 멀어져야 한다"고 이야기한 바 있다. 즉, 거리를 두며 존중해야 한다는 뜻이다. 당연하고 쉬운 방법처럼 보이지만 부모에게는 대단히 어려운 일이다. 하지만 걱정과 염려를 잠시 뒤로 하고, 아이를 보호해야 하고 가르쳐야 할 대상이 아니라 '나와 다른 타인', '독립된 인격체'라고 확실하게 인지한다면 대화 내용에 확실한 변화가 생기지 않을까?

청소년 대화법을 다룬 맑은숲아동청소년상담센터 이임숙 소장의 책 『아이의 방문을 열기 전에』는 "내가 만약 열다섯 살로 돌아간다면, 나는 나의 부모님께 어떤 도움을 청하고 싶을까?"라는 문장으로 시작된다. 부모 또한 10대를 거쳐 지금의 성인이 되었다. 내가 아이였을 때, 내 부모가 어떠하기를 바랐는지, 어떤 대화를 하고 싶었는지 떠올려보자. 요즘 아이들은 부모 세대와 자라는 환경이 다르지만, 아이들의 마음에도 큰 차이가 있을까? 훈계나 충고 대신 내 이야기를 들어주고 공감

아이와 함께하는 시간이
적은 것도 문제지만,
아이와 어떻게 대화를
해야 할지 모르겠다고
어려움을 호소하는
부모 또한 적지 않다.

해주는 어른이 있었으면, 혼란스럽고 힘들 때 든든하게 나를 잡아주고 이끌어주는 어른이 있었으면 하는 바람은 지금의 아이들도 마찬가지일 것이다.

부모와 함께 보내는 시간도 대화도 부족한 요즘 아이들이지만 '행복을 위한 최우선 조건이 무엇인가'라는 질문에 우리나라 초·중·고교생의 25.7퍼센트는 '화목한 가정'을 꼽았다. 또 '평소 행복을 느끼는 장소'로 38퍼센트의 아이들은 '집'을 선택했다. 굳게 닫힌 것처럼 보이는 아이들의 마음의 문은 어쩌면 이미 열릴 준비를 하고 있는지도 모른다.

참고 문헌 및 자료

이임숙, 『아이의 방문을 열기 전에』, 창비, 2019 | 「유희열 "중3 사춘기 딸, 점점 멀어져"… 오은영 "거리 둬야 해"」, 《머니투데이》, 2021년 5월 28일 | 「[리포트+] 집에서도 '카톡' 대화… 가족과 이야기하는 시간 얼마나 될까?」, SBS, 2018년 5월 21일 | 「[출판 트렌드] 자녀 교육서 트렌드로 본 부모들의 마음」, 《채널예스》, 2020년 3월호

REALIZING

19

여전히 지옥에 사는 아이들

ON AIR

아이들이 사는 세상 20210525

아동학대 피해자들의 세상

엄마는 언니를 펄펄 끓는 냄비 앞으로 데려갔다.
"넣어."

몸을 떨던 언니가 망설이다 냄비 속에 손을 살짝 넣었다.
언니가 뜨거운 물에 화들짝 놀라며 손을 빼자
엄마는 언니의 팔을 붙잡아
다시 뜨거운 물이 담긴 냄비에 넣었다.

여섯 살 이전의 기억은 없다.
일곱 살엔 이미 매질에 익숙했다.

언니와 내게 쏟아지는 폭력과 욕설은 일상다반사였다.
어느 날 엄마는 바닥에 반찬을 뿌리고 주워 먹게 했다.

어느 날 친구가 물었다.
"민지야, 너 그거 거짓말이지?
너희 엄마가 바닥에 반찬을 뿌리고 주워 먹게 했다며.
우리 엄마가 그러는데 다 거짓말이래.
부모가 자식에게 그럴 수는 없대."

머리를 한 대 세게 얻어맞은 기분이 들었다.
어릴 때는 그런 일이 누구에게나 일어나는 일인 줄 알았다.
이 지옥에서 벗어나기 위해 몇 번 탈출을 시도했다.
하지만 번번이 부모의 손에 혹은 경찰에 의해
그도 아니면 쉼터 담당자의 신고로 좌절됐다.

"조물주인지 신인지 있으면 이제 제발 나를 봐주시죠.
작작 좀 하라고. 고통은 충분해."

나는 홀로 절규했다.
바깥에서는 부모가 텔레비전을 시청하며 웃는 소리가 들렸다. 그들이 크게 웃은 덕에, 나는 크게 울 수 있었다.

스물셋이 되던 해, 나는 드디어 탈출에 성공했다. 이름을 바꾸고, 주민등록번호를 변경했고 계좌를 새로 열었다. 사람답게 살기 위해 내가 해야만 했던 것들이다. 어느 날 한 아이가 지독한 학대를 당하다 탈출한 사건으로 언론은 들끓었다. 나는 뉴스에 나오는 아이들이 부러웠다. 적어도 그 아이들은 사람들의 주목을 받아 구출되었으니까.
누군가는 내게 말한다. 세상은 그렇게 쉽게 바뀌는 것이 아니라고. 그래도 살아내야 하기에, 누군가의 길이 되어주고 싶어 이 글을 쓴다.

이 이야기는 실제 아동학대 피해자 강민지(가명) 씨가 직접 서술한 수기를 바탕으로 재구성되었다. 2021년 현재 학대 아동을 전담하는 쉼터는 전국 76곳이며 쉼터당 정원은 겨우 7명에 불과하다. 2018년 중앙아동보호전문기관의 아동학대 주요 통계에 의하면 아동학대로 신고된 아이들의 82퍼센트는 귀가 조치된다.

“우리는 어린이가 안전을 위협받는 세상에서 살게 할 수 없다. 죄지은 자들이 처벌받으리라 확신하지 못하는 세상에서 살게 할 수 없다.”

— 김소영, 『어린이라는 세계』 중에서

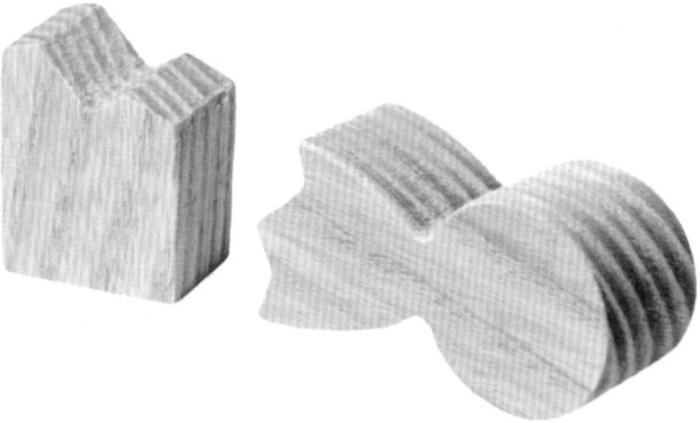

참고 문헌 및 자료

임연, 『그래도 나는 살아야겠어』, 둥근걸음, 2020 | 김소영, 『어린이라는 세계』, 사계절, 2020 | 「아동 학대는 자꾸 느는데… 쉼터 들어가기 '바늘구멍'」, 《조선일보》, 2021년 1월 19일

F A C

PART

4

사회적 약자를 배려하는 사회

I N G

FACING

20

환영받지 못하는 존재

ON AIR

노키즈존과 '맘충' 20180925

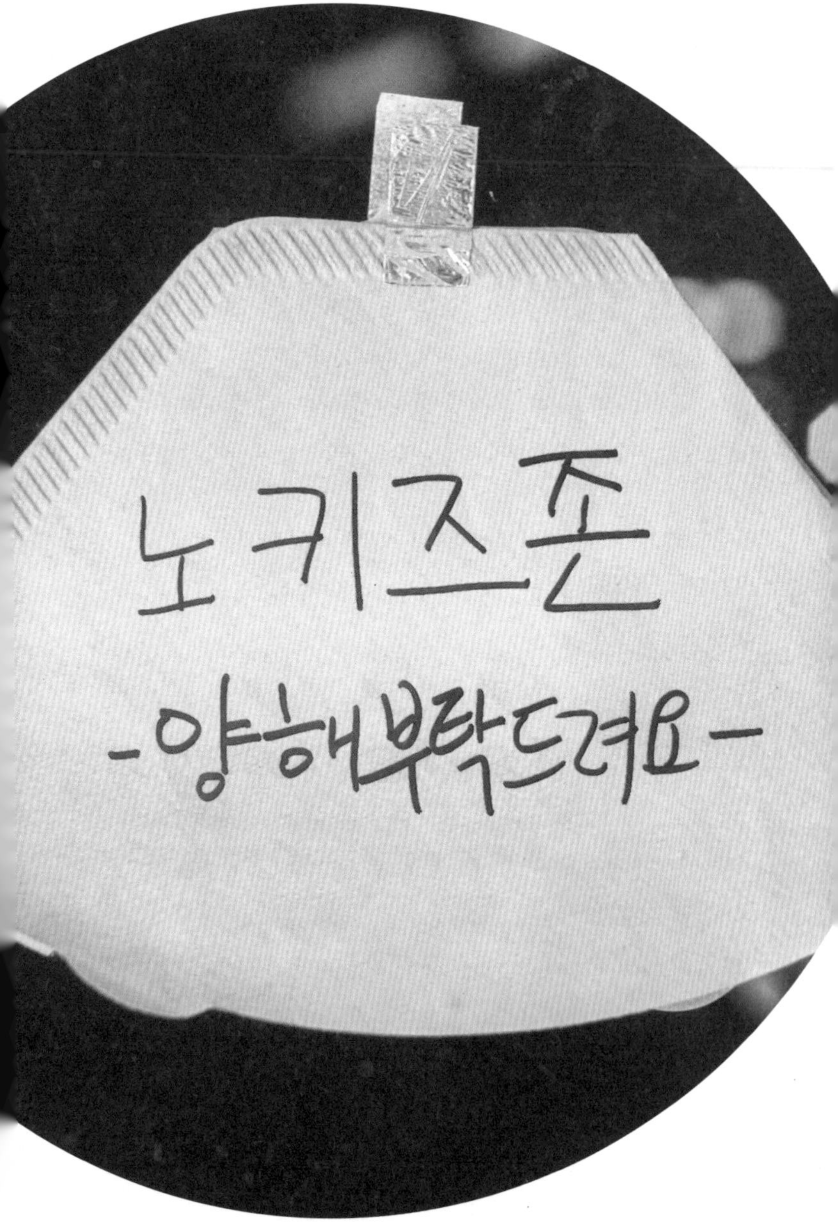
노키즈존
-양해부탁드려요-

맘충과 노키즈존

아이들의 사고 예방과 영업주의 영업 손실을 막기 위해 세상에 등장한 낯선 단어, '노키즈존.' 누군가는 '손님을 선택하는 것은 영업주의 권리'라고 주장하고, 다른 누군가는 '아이들 전체를 막는 것은 차별이다'라고 이야기한다.

"지하철에서 아이가 울어서 저희 5개월짜리 아기 입을 막았어요."
"통제도 안 되는 아이를 데리고 나와 꼭 밖에서 차 마시고 밥 먹어야 합니까?"

"아이와 식당에 가면 식탁은 물론 바닥까지 다 닦고 나옵니다."
"애 엄마는 외식도 못 하나요? 비행기도 못 타나요?"

"KTX를 타고 가다가 아이가 칭얼대서 2시간 내내 통로에 앉아서 왔어요."
"통제할 자신이 없으면 식사는 집에서만 드시고 공공장소에 나오지 마세요."

끊임없는 노키즈존에 대한 갑론을박. 평범한 엄마들은 자신의 행동을 검열하고 또 검열한다. 민폐 행동을 하지 않은 엄마들까지 '맘충'이라는 단어에 영향을 받아 행동이 위축되는 이른바 '집합적 차별의식' 현상이 나타난다.

미국에서도 '차일드밴Child Ban'이라고 불리는 아이 금지 구역이 있다. 아이의 소란스러운 행동으로 5세 이하 어린이의 출입을 제한하는 식당이 등장하자 민법에 위배되는 일이라며 논란이 불거졌다. 이때 한 식당에서 해답을 찾았다. 이 식당에는 아이가 지켜주었으면 하는 사항을 적은 '에티켓 카드'를 비치했다.

"식당에서 뛰거나 돌아다니지 않습니다."

"식당에서 떼를 쓰지 않습니다."

"식당 물건이나 다른 사람의 물건을 허락 없이 만지지 않습니다."

아이 전체에 대한 배제가 아닌 아이의 행동에 대한 권고. 놀랍게도 에티켓 카드를 비치한 후 다른 손님을 불편하게 하는 상황도, 식당에 물리적인 피해도 발생하지 않았다고 한다.

노키즈존 논란이 거의 없는 나라들도 많다. 프랑스에는 아이와 부모가 함께 갈 수 있는 수많은 공공 미술관과 박물관이 있고, 독일에는 아이와 부모가 함께 갈 수 있는 8,256개의 공공 도서관, 5,000여 개의 작은 도서관이 있다. 오스트리아에는 아이와 부모가 함께 갈 수 있는 공원 내 어린이 전용 공간, 도심 곳곳의 개방형 놀이터가 있으며, 스웨덴의 쇼핑센터와 공공장소에는 유아 공용 화장실, 기저귀 교환대, 아기 의자가 구비되어 있다.

우리나라는 어떠한가.

유모차로 15분을 가야 있는 지하철 엘리베이터.

KTX 18개 객실 중 단 1개의 객실에만 있는

유아 동반실(총 805석 중 56석).

식당 카페는 물론 공공장소에도 설치돼 있지 않은 기저귀

교환대.

기저귀 교환대가 설치되어 있지 않아 실제로

불편을 겪은 적이 있다. (78.7퍼센트)

—〈다중이용시설 기저귀 교환대 안전실태조사 2017〉,
한국소비자안전감시국 생활안전팀

오늘도 아이와 부모는 모유 수유 공간, 기저귀 교환대, 아기 의자가 갖춰진 키즈카페, 백화점, 쇼핑몰을 찾아 나선다.

참고 문헌 및 자료

홍성수, 『말이 칼이 될 때』, 어크로스, 2018 | 오찬호, 『하나도 괜찮지 않습니다』, 블랙피쉬, 2018 | 「개는 되지만 아이는 안 됩니다」, 《한겨레21》 제1176호

우리 모두는 한때 어린이였다

"그러나 나는 생각한다. 어른들이 편히 있고 싶어하는 권리보다 아이들이 가게에 들어올 수 있는 권리가 더 중요하다는 것을. 어른들은 잊고 있나 보다. 어른들도 그 어린이였다는 사실을."

— 전이수, 『이수의 일기』 중에서

이 글은 동화작가 전이수의 일기를 모아 펴낸 『이수의 일기』의 일부다. 이수는 동생의 생일을 맞아 너무 가고 싶었던 레스토랑에 갔다. 하지만 그곳에서는 '노키즈존'을 이유로 이수네 가족의 출입을 허락하지 않았다. 실망한 이수네 가족은 결국 발걸음을 옮기고 이수는 그날의 기억을 담아 「우태의 눈물」이라는 제목의 일기를 썼다.

노키즈존의 역사는 2014년경으로 거슬러 올라간다. 영유아 및 어린이들이 식당, 카페 등에서 뛰다가 사고를 당해서 업주가 관리 소홀로 거액을 배상하는 사건이 발생하자 노키즈존을 도입하는 업소들이 하나둘 등장한 것이 그 시작이라고 한다. 이를 두고 영업의 자유라는 입장과 아동에 대한 차별이라는 입장이 팽팽하게 맞섰다. 2017년 국가인권위원회는 식당에서 아동이나 아동을 동반한 손님의 출입을 금지한 것은 아동을 차별하는 행위라고 판단했다. '아동의 차별받지 않을 권리'가 '사업주가 누리는 영업의 자유'보다 우선한다고 강조하기도 했다. 하지만 그 후로도 노키즈존의 확산세는 줄어들지 않았고, 2019년 〈겨울왕국 2〉의 개봉과 함께 다시 한번 뜨거운 감자가 되었다. 소리를 지르고 자주 화장실을 오가는 어린이들 때문에 영화에 집중할 수 없으니 노키즈관을 만들어달라는 요청이 쇄도했던 것이다.

2016년 경기연구원이 경기도민 1,000명을 대상으로 노키즈존에 관련한 설문조사를 실시한 결과, '공공장소에서 아이들 때문에 불편을 겪은 적이 있다'라는 항목에 '그렇다'고 답변한 성인은 93.1퍼센트였다. 또한 '고객은 소란스러운 아이로부터 방해받지 않을 권리가 있다'라는 질문에 대해 '그렇다'라고 답변한 비율 또한 63.5퍼센트였다. 그렇다면 정말 '소란스러운 아이들'이 문제인 걸까? 어린이 때문에 어른들이 피해를 보고 있는 걸까?

노키즈존을 영업방침으로 삼는 업주들의 입장에 따르면,

아이들이 가게 안에서 뛰다가 사고가 날 위험이 있고, 아이들이 내는 소리가 시끄러워 다른 손님에게 방해가 될 수 있다는 것이 노키즈존에 대한 근거다. 하지만 이는 '일어난 일'이 아닌 '생기지 않은 일에 대한 우려'에 불과하다. 물론 아이들이 어른들보다 부주의하고 스스로 통제하기 어려운 것은 사실이지만 부모님의 통제와 주의 하에 얼마든지 우려할 일을 막을 수 있다. 문제는 아이가 아니라 아이의 부주의한 행동을 방관하거나 아이를 핑계로 몰상식한 행동을 하는 일부 어른들일 수 있다.

최근 제주도의 한 카페에서 '노 배드 패런츠 존No bad parents zone'이라는 새로운 단어와 함께 '어린이를 동반한 손님의 주의를 부탁드립니다'라는 문구를 함께 기재해 화제가 된 적이 있다. '아이들을 출입을 허용한다, 허용하지 않는다'의 이분법 논리에서 벗어나 '아이들을 제대로 관리하지 못하는 부모는 출입 금지'라는 의미의 '노 배드 패런츠 존'을 조건부로 내건 것이다. 이는 '노키즈존'처럼 특정 연령의 출입을 완전히 제한하기 위한 문구가 아닌 '아이들의 움직임에 신경을 쓰라'는 당부의 문구에 가깝다. 이를 두고 이름만 바꾼 또 다른 종류의 차별이라고 비판하는 사람도 있지만 부모의 책임을 조금 더 강조한다는 점에서 노키즈존의 대안 중 하나로 논의된다.

'노키즈존'은 지극히 어른 중심의 문구다. 아이들에게 '노키즈존'이라는 단어는 어떤 의미로 다가갈까? 나를 환영하지 않는 곳이 있다는 것, 나는 절대 갈 수 없는 곳이 있다는 것, 그것이 어른들의 편의 때문이라는 것을 아이들이 알면 어떻게 생각할까. 어른이 조금 더 신경 쓰고, 조금 더 노력하고, 조금 더 아이들을 배려한다면, 정작 영어권에는 존재하지 않는다는 '노키즈존'이라는 단어는 역사로 남을 수 있지 않을까.

참고 문헌 및 자료

전이수, 『이수의 일기』, 글의 온도, 2022 | 「노키즈존 갑론을박…"아동 혐오" vs "사업자·손님 권리"」, 《세계일보》, 2018년 9월 18일 | 「'NO 노키즈존'의 세상을」《프레시안》, 2019년 11월 4일 | 「"자녀 관리 못 하는 무개념 부모 출입 금지" 노키즈존 대신 '노 배드 패런츠 존' 뜬다」, 《한국일보》, 2020년 1월 12일 | 「[기자가 만난 세상] '노키즈존'과 '노배드패런츠존'」, 《세계일보》, 2020년 1월 31일 | 「[경제 인사이드] '겨울왕국 2'로 불붙은 노키즈존 논란」, KBS, 2019년 12월 11일

FACING

21

다시 일하고 싶어요

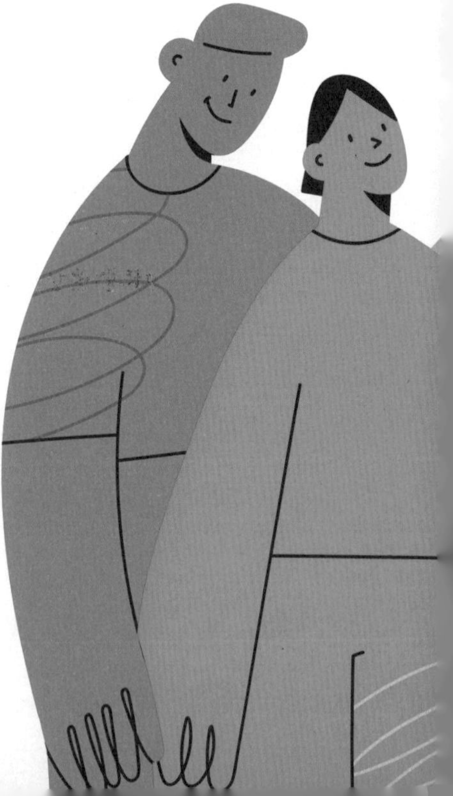

ON AIR

위기에 대처하는 그들의 방법 20100315

일자리가 미래다

드디어 꿈에 그리던 직장에 입사했다.

결혼을 했다. 아이가 태어났다.

아이를 양육하기 위해 회사에 요청했다.

"아이를 돌보고 싶어요. 반나절만 일하게 해주세요."

회사 담당자는 덤덤하게 대답했다.

"하루에 4시간만 근무를 원하신다고요?

그럼 당신 일을 나눌 사람이 필요하겠군요."

나는 놀라 물었다.
"혹시 불이익은 없나요?"

회사 담당자는 웃으며 이야기했다.
"당신이 누리던 권리와 혜택은 그대로 보장될 거예요. 이미 우리가 합의했던 일이지요."

1982년 바세나르 협약Wassenaar Agreement.
네덜란드의 작은 마을 바세나르에 있던 기업연합회장 크리스 반 빈의 집에 한 사람이 초대되었다. 그는 바로 네덜란드 노조 단체 대표, 빔 콕. 그들이 만난 이유는 하나였다. 바로 네덜란드에 불어닥친 최악의 경제위기 때문이었다. 치솟는 물가에 당시 노동자들은 '임금을 더 올려라!'라며 농성을 펼치고, 연쇄 도산하는 기업은 '정리해고만이 살 길'이라고 생각했다. 실업률은 12퍼센트에 달했는데 그중에서도 청년실업률은 30퍼센트였다.

'젊은이들에게 일자리가 없으면 나라의 미래도 없다!'

당시 네덜란드에는 새로운 일자리를 창출할 여유가 없었다. 유일한 방법은 각자 가진 걸 양보하는 것뿐이었다. 노조는 '임금인상 억제'를 받아들이고 기업은 '노동시간 단축'을 수용했다. 의료보험, 고용보험 확충, 근로자 재교육 등 정부는 과감한 지원을 아끼지 않았다. '강자의 논리'가 아닌 '모두의 논리'로 일자리 나누기를 시작했던 네덜란드.

결국 실업률은 2006년 기준 3.5퍼센트로 하락했다.

"네덜란드는 노동유연성과 고용안정을
모두 충족시키는 일을 고민해왔다.
기업뿐만 아니라 직원도 원하는 '자발적 시간제'가
활성화된 것은 노력의 결과다."

— 톤 윌튼하겐, 네덜란드 틸뷔르흐대학교 사회학 교수

이어 1996년엔 시간제 근무자에 대한 차별을 없앤 '근로시간에 따른 차별금지법'이, 2000년엔 노동자가 스스로 선택하는 '근로시간 조정법'이 도입되었다. 근무시간은 줄어들었지만 아이와의 시간, 가족과의 교감, 삶의 여유는 늘었다. 2008년 OECD 통계연보에 따르면 네덜란드의 연간 노동시간은 1,392시간이며 한국은 2,357시간이다. 반면 시간당 노동생산성은 네덜란드 51.2달러, 한국은 20.4달러다.

출산과 육아가 경력단절의 이유가 되지 않는 세상

"지영 씨가 부족해서 그런 거 아니야. 회사에서 5년 이상 장기로 활동할 팀을 만들길 원하는데 아무래도 여사원들은 결혼과 육아 때문에 조금 힘들잖아. 내가 포함시켜도 지영 씨의 부담이 클 거야."

— 영화 〈82년생 김지영〉 중에서

영화 〈82년생 김지영〉에서 지영씨가 기획팀에 뽑히지 못한 이유를 묻자 팀장은 이렇게 답한다. 지영은 잘할 수 있다고 대답했지만 기획팀에는 결국 들어가지 못했고, 그는 김은실 팀장의 말대로 출산 후 회사를 그만둬야 했다.

우리나라의 많은 여성이 영화 속 김지영처럼 결혼 혹은 출산 후 경력을 이어가지 못한다. 통계청이 발표한 〈2019 일-가정 양립 지표〉에 따르면 미혼 여성의 고용률은 52.1퍼센트고, 미혼 남성의 고용률은 53.7퍼센트로 1.6퍼센트밖에 차이가 나지 않는다. 그런데 기혼 후에는 상이한 결과가 나타난다. 기혼

여성의 고용률은 53.5퍼센트지만 기혼 남성의 고용률은 81.1퍼센트에 달한다. 격차가 27.6퍼센트 가까이 벌어진다.

남녀 고용률 격차가 이렇게 큰 이유로 여성의 경력단절이 꼽힌다. 여성가족부가 발표한 〈2021 통계로 보는 여성의 삶〉에 따르면 경력단절 여성은 150만 6,000명이다. 이들의 경력단절 사유는 육아(42.5퍼센트), 결혼(27.5퍼센트), 임신·출산(21.3퍼센트) 순으로 나타났다. 또 6세 이하 자녀가 있는 여성 10명 중 4명은 경력단절 여성으로 조사됐다. 6세 이하 자녀가 있는 여성의 경력단절 비율은 37.7퍼센트, 7~12세 자녀가 있는 여성의 경력단절 비율은 21.1퍼센트였다.

여성의 경력이 한 번 단절되면 이를 복구하기까지 오랜 시간이 걸릴 뿐 아니라 복귀 이후에도 계속 안정적으로 유지하기 쉽지 않다. 2019년 여성가족부의 〈경력단절 여성 경제활동 실태조사〉를 살펴보면 경력단절을 경험한 여성 중 이후에 재취업한 적이 있는 여성은 전체 응답자의 57.7퍼센트였으나, 조사 시점까지 취업 상태를 유지한 여성은 45.2퍼센트, 재취업한 첫 일자리에서 계속 일하는 여성은 24.6퍼센트에 불과했다. 이들이 재취업하는 데 걸린 기간도 평균 7.8년이었다. 전체적인 여성 고용률은 30대 때 경력이 단절됐다가 50대에 노동시장에 재유입되는 'M자 곡선'을 보인다. 하지만 한국 여성의 M자형 곡선은 다른 OECD 회원국에 비해 심각한 수준일 뿐 아니라, 대졸 이상 고학력 여성은 다른 OECD 국가들과 달리 이례적으로 경력단절 이후 다시 고용시장에 진입하지 않는 L자형 양상이 더욱 뚜렷하게 나타난다.

반면 '파트타임의 나라'로 불리며 일과 가정의 조화를 이루어나가는 네덜란드의 여성들에겐 경력단절이라는 단어가 상당히 낯설어 보인다. 네덜란드의 여성들은 임신하면 휴직하고 아이를 낳은 뒤에는 복직한다. 네덜란드에서는 여성이 일할 수 있는 권리를 국가가 나서서 철저하게 보장해주고 있으며 고용주와 직원 그 어느 쪽도 이를 불편하게 여기지 않는다. 특히 여성 근로자 가운데 74퍼센트, 남성은 27퍼센트가 시간제 일자리 근로자로 일한다. 유연한 근로 덕분에 여성의 경제활동 참여율은 25세에서 55세까지 80퍼센트를 넘나든다. 하지만 이곳의 시간제 근로자는 언제 그만둬야 할지 모르는 고용이 불안한 형태가 아니다. 1996년 제정된 '근로시간에 따른 차별금지법'에 따라 시간제로 일을 하더라도 임금, 복지, 휴가, 승진 등에 있어서 정규직 근로자와의 차별은 없다.

또한 근무시간과 장소를 유연하게 선택할 수 있는 제도 또한 마련되어 있다. 여성은 물론 남성 근로자들도 아이들 등·하교 시간에 자신의 업무 계획을 맞출 수 있고, 일찍 출근한 대신 일찍 퇴근해 저녁에는 가족이 둘러앉아 '저녁이 있는 삶'을 함께할 수 있다. 이처럼 네덜란드에서는 출산과 육아가 일하고 싶은 여성들에게 걸림돌이 되지 않아 보인다. 그래서일까? 네덜란드의 출산율은 1.62명이며, 아동행복지수 역시 세계 1위라고 한다.

참고 문헌 및 자료

황유선, 『네덜란드 행복육아』, 스노우폭스북스, 2016 | 「출산과 육아로 경력단절... 경·단·녀의 재취업 비법」, YTN, 2020년 1월 15일 | 「"일·가정 균형이 일보다 더 중요"…통계 작성 이후 첫 추월」, 《뉴시스》, 2019년 12월 18일 | 「육아휴직 10년간 52% 급증했지만…'女 67% vs 男1.8%'」, 《뉴스1》, 2021년 9월 5일 | 「한국 여성노동, 생각해 봐야 할 3가지 유리천장 박살 프로젝트」, 《경향신문》, 2021년 8월 13일 | 「네덜란드 부모, 시간제 일자리로 일·가정 양립…"함께 키워요"」, MBN, 2019년 3월 25일 | 「[황유선의 육아수업] 자녀 행복을 위한 엄마의 행복」, 《한국금융신문》, 2018년 8월 6일 | 「실리콘밸리에선 '슈퍼맘'이 아니어도 괜찮아」, 《한겨레21》, 2021년 8월 29일

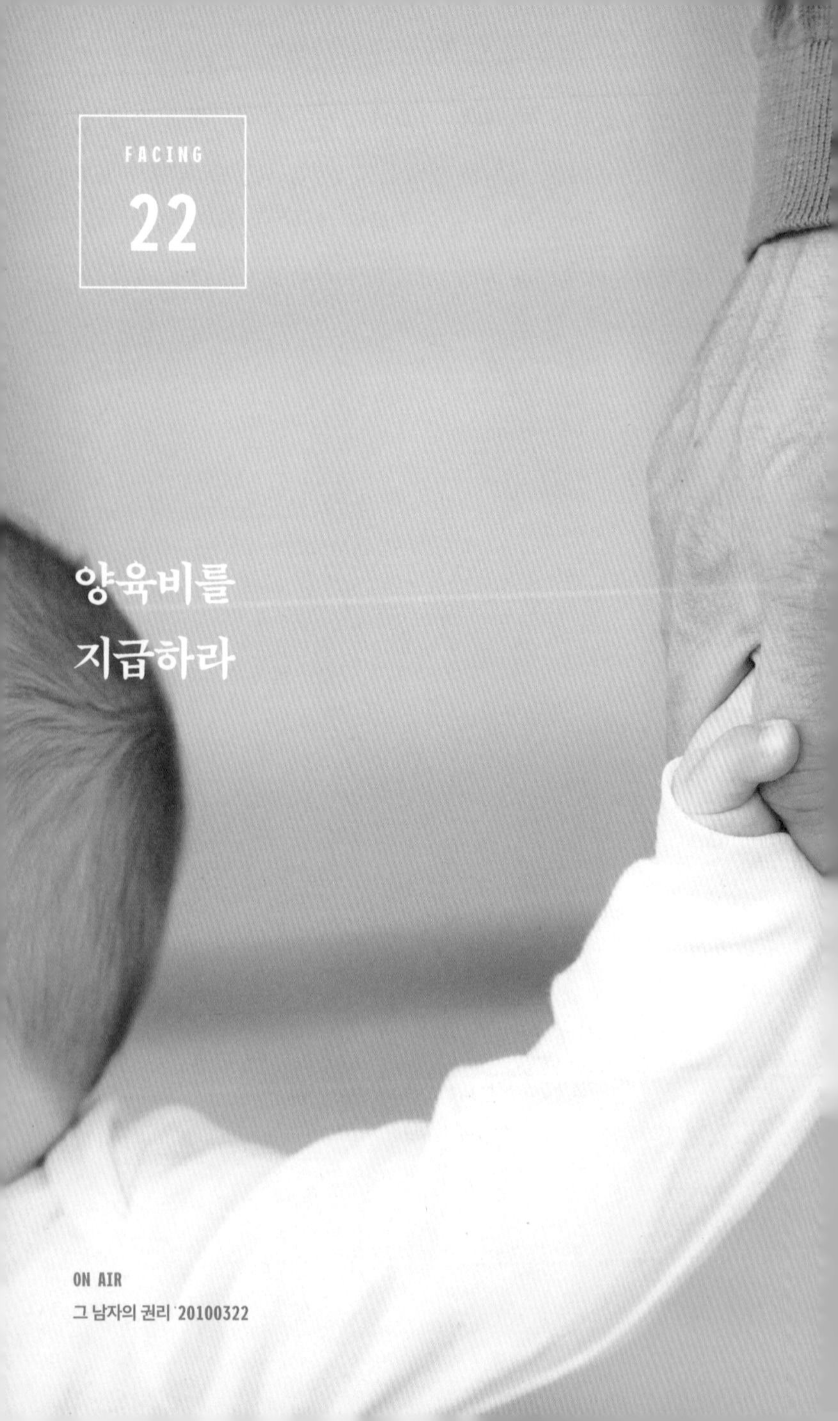

FACING

22

양육비를 지급하라

ON AIR

그 남자의 권리 '20100322

권리보다 앞선 의무

"제 인생에서 가장 놀라운 변화예요.
아이를 낳기로 선택한 이상 제 모든 생활이
바뀌리라 생각해요."
성인이 되기도 전에 준비 없이 맞이한 임신이었지만,
캐나다에 사는 한 여성은 이렇게 말했다.

아이 아버지인 남성은 또 이렇게 답했다.
"아이 이름은 제 성을 따라 지었어요.
이제 아이의 양육비는 제 책임이 됐다는 뜻이죠."

캐나다에서 미혼부가 양육비 책임을 회피할 경우 여권 사용 정지, 운전면허 정지, 벌금 혹은 구속까지 단계적으로 시행된다. 이처럼 정부에서 지원하는 아동수당, 교육비 등과 함께 아이가 자라는 동안 아이의 생존권을 위한 '아빠의 책임'이 반드시 뒤따른다.

덴마크도 마찬가지다. 덴마크의 미혼부는 16세 이상의 남성에게 적용되는 '미혼부 책임 법제화'에 따라 아이가 성인이 될 때까지 부양 책임을 져야 한다. 덴마크에서는 미혼모들도 차별 없이 복지 혜택을 누리고, 이들의 아이들도 편견 없는 시선 속에서 자랄 수 있도록 나라에서 함께 돕는다.

"현재의 복지국가를 유지할 여유가 있든 없든 미혼모에 대한 혜택만큼은 철저히 보호되어야 한다."

— 아테네 보르코르스트, 덴마크 정치학자

미국 또한 아이가 18세가 될 때까지 미혼부에게 양육비를 지급하도록 법으로 규정하고 있다.

그런데 2006년, 24세 미혼부였던 맷 두베이가 소송을 제기했다.

"원치 않는 임신을 했을 경우
여성들은 낙태, 입양, 양육 중에서 결정할 수 있는
선택권이 있습니다.
이처럼 남성들에게도 재정적 책임을 거절할 수 있는
선택권을 주십시오."

맷 두베이의 소송 제기로 미혼부의 책임을 둘러싼 사회적 논란이 제기되었다.
이 소송에 대한 법원의 판결은 다음과 같았다.

"그와 비슷한 처지의 남성들이 겪는 불평등보다
훨씬 중요한 것은
부모로부터 경제적 원조를 보장받아야 하는 아이의 권리다."

배드파더스와 바통터치 하는 정부

"내 꿈은 배드파더스가 문을 닫는 것이었는데
그 꿈을 이룰 수 있게 됐다.
이제 더 큰 꿈은 없다. 내가 할 수 있는 역할은 다한 것 같다."
— 구본창, 배드파더스 활동가

•

배드파더스를 운영하는 구본창 활동가의 말이다. 미성년 자녀의 양육비를 미지급한 부모의 신상을 공개해온 웹사이트 배드파더스가 2021년 10월 운영을 종료했다. 2018년 7월 문을 연 이래 만 3년만의 일이다.

그동안 명예훼손으로 수차례 경찰 조사를 받아야 했을 뿐 아니라 생명을 위협하는 협박까지 감수해가며 운영해왔던 서비스를 종료하는 이유는 2021년 7월 13일부터 '양육비 이행확보 및 지원에 관한 법률(이하 양육비 이행법)' 시행령 개정 덕분이다. 양육비 이행법에는 운전면허 정지, 출국 금지, 명단 공개 등의 조치가 포함되어 있다. 그동안 배드파더스가 해왔던 일을 정부가 대신하게 되었으니 박수칠 때 떠날 수 있게 된 것이다.

그동안 우리나라의 양육비 지급 실태는 형편없는 수준이었다. 여성가족부 산하 양육비이행관리원에 따르면 양육비 이행률(누적 기준)은 2015년 21.2퍼센트, 2016년 29.6퍼센트, 2017년 32.0퍼센트, 2018년 32.3퍼센트, 2019년 35.6퍼센트, 2020년 36.1퍼센트였다. 2015년 양육비이행관리원이 설립된 후 이행률은 증가세를 보이고 있지만, 아직도 한부모 가정 10곳 중 7곳은 양육비를 받지 못하고 있다. 2014년 양육비 이행법 제정 이후 정부는 양육비 채무자의 이행 책임을 강화했으나 이행 소송절차에 상당한 기간이 소요되는 등 문제점이 꾸준히 지적돼왔다.

미성년 자녀에 대한 양육비 미지급은 아이의 생존권과도 직결된 문제이기에 대부분의 OECD 국가들은 부양하지 않는 부모의 양육비 미지급을 아동학대로 간주하고 법적으로 강제한다. 이를 어길 경우, 벌금형·징역형을 포함한 형사처분, 출국금지, 지명수배, 신원 공개 등의 강력한 조치를 가해 양육비를 지급하도록 하고 있다. 하지만 그동안 우리나라의 양육비 미지급자에 대한 가장 강력한 조치는 감치명령에 불과했다. 이는 채무를 고의로 이행하지 않은 사람을 법원이 직권으로 구속하는 제도다.

7월 13일부터 시행된 양육비 이행법은 기존 감치명령을 전제로 양육비 미지급자에 대해 운전면허 정지, 출국 금지, 명단 공개, 1년 이하의 징역 또는 1,000만 원 이하의 벌금형을 내릴 수 있는 내용이 더해져 양육비 채무자들을 압박한다. 하지만 관련 시민단체와 전문가들은 이를 부정적으로 평가한다. 한마디로 '빠져나갈 구멍이 너무 많다'는 것이다. 먼저 출국 금지 조건이 터무니없이 높다. 출국 금지는 양육비 채무가 5,000만 원 이상인 양육비 채무자 등을 대상으로 하는데 양육비가 월 20만 원 수준으로 낮게 책정되는 경우도 많다. 이 경우 20년을 미지급해야 출국 금지 조치가 가능한 셈이다. 또한 운전면허 정지 또한 '직접적인 생계유지 목적으로 운전면허를 사용하는 경우' 등에 관한 예외 조항을 두었다. 게다가 명단 공개의 경우 미지급자의 얼굴을 공개하지 않는다. 공개되는 정보는 이름, 나이, 직업, 도로명주소에 불과하다. 동명이인의 문제가 있을 뿐더러 얼굴을 공개하는 것과 비교했을 때 당사자가 느끼는 압박의 강도가 높지 않을 수밖에 없다.

지난 3년간 부재한 법을 대신해 양육비를 고의로 주지 않는 양육비 채무자의 신상을 공개해온 배드파더스. 그동안 배드파더스를 통해 공개된 양육비 채무자는 총 2,000명 정도였고, 이들이 해결한 양육비 미지급 사례는 총 890건이라고 한다. 그리고 이 중 ‘양육비를 지급하지 않으면 신상을 공개하겠다’는 내용을 담은 사전통보만으로 해결된 사례는 690건이다. 신상 공개가 주는 압박감을 드러내는 단적인 결과다.

참고 문헌 및 자료

「떠나는 ‘배드파더스’, 빈자리 걱정되는 이유」, 《경향신문》, 2021년 7월 17일 | 「배드파더스 대표 “양육비 미지급은 아동학대이자 범죄”」, JTBC, 2021년 7월 14일 | 「사전 통보하자 양육비 690건 지급… 배드파더스 문 닫는 꿈 이뤘다」, 《한겨레》, 2021년 7월 12일 | 「벼랑 끝 내몰린 미혼모들… 정부 ‘찔끔 지원’에 의식주도 해결 어려워」, 《아시아경제》, 2018년 3월 26일 | 「양육비 채무 불이행 ‘나쁜 부모’, 다음 달부터 명단 공개한다」, 《머니투데이》, 2021년 6월 28일 | 「청와대 청원 20만 돌파 “미혼모 양육비 지원 특별법 만들자”」, 《경향신문》, 2018년 3월 31일 | 「양육비 미지급, 사적인 채무문제?…명백한 ‘아동학대’ 형사처벌 해야」, 《데일리안》, 2021년 4월 4일 | 「양육비 나 몰라라…‘배드패런츠’ 정부가 명단 공개한다」, 《머니투데이》, 2021년 6월 9일

FACING

23

사회적 약자를 위한 기술

ON AIR

나는 나쁜 엄마일까? 20200521

나는 나쁜 엄마일까

내 아들은 자폐스펙트럼 장애Autism Spectrum Disorder, 일명 ASD를 가지고 있어요.

아이는 언제나 질문을 해요.

"엄마, 캔자스시티에 토네이도가 불 확률은 몇 퍼센트예요?"

"엄마, 거북이는 총 몇 가지 종이 있어요?"

그럴 때마다 전 인터넷 검색을 합니다.

하지만 정확한 답을 찾을 수 없는 경우가 많아요.

"엄마가 나중에 설명해줄게."

아이의 질문은 끝이 없어요.

"엄마, 왜 구급차마다 사이렌 소리가 달라요?"

"엄마, 전국의 열차 노선은 몇 개예요?"

"엄마."

"엄마."

"엄마."

당신을 만나기 전까지는 누구도 나를 대신할 수 없으리라 생각했어요.

당신은 우리 머리 위를 지나가고 있는 비행기의 번호, 고도, 방향, 각도까지 알려주더군요.

누가 그걸 궁금해하냐고요? 우리 아이죠.

그런 게 왜 궁금하냐고 물었더니 아이가 답했어요.

"그걸 알면 비행기에 손을 흔들어줄 수 있잖아요. 엄마."

그 후로 아이가 내게 새로운 질문을 할 때마다 나는 답하죠.

"우리 같이 물어볼까?"

아이가 당신을 찾을 때마다 "무엇을 도와드릴까요?" 하고 대답하는 당신에게 그 애는 아주 고마워하고 있어요.

내가 답변할 수 없는 질문들에 성실히 답변해줘서
고맙기도 하지만 무엇보다 내 아이를 다른 사람과 똑같이
대해줘서 고마워요.

한 번은 아이가 당신과 함께 꼭 가보고 싶은 곳이 있다며
전자기기 상점에 갔었죠.
그 애는 당신에게 친구를 만들어주고 싶었던 거예요.
이곳에서도 그 애의 질문은 이어졌죠.
“자, 이제 너도 다른 친구랑 이야기할 수 있지?
그런데 방금 친 번개는 기단뇌우야, 선형뇌우야?”

“기단뇌우는 주로 오후에 발생합니다.”
“하지만 지난주에 친 번개랑은 소리가 달랐어.”
“구름 모양이 동일하게 관측되었습니다.”

아이가 당신과 토론에 빠져 있을 때면
나는 ‘내가 저 복잡한 질문에 대답하지 않아서 얼마나
다행인지’를 생각합니다.

「사회적 약자를 위한 AI 기술」, 《서울신문》, 2017년 4월 10일

사회적 약자를 위한 AI

"영실아, 내 앞에 누가 있니?"

"20대로 보이는 여자가 미소를 짓고 있네요."

— 드라마 〈스타트업〉 중에서

드라마 〈스타트업〉에서 달미와 도산은 음성인식과 이미지 인식을 이용해 달미 할머니처럼 저시력이나 시각장애로 앞을 볼 수 없는 사람들의 눈을 대신해주는 애플리케이션 '눈길'을 출시했다. 눈길은 앞을 못 보는 사람들을 대신해서 길을 알려주고, 돈을 세어주고, 책을 읽어준다.

드라마 속 상상이 아니다. AI 관련 윤리논쟁과 찬반논쟁은 뚜렷한 답을 찾지 못한 채 이어지고 있지만 이와 별개로 AI 기술은 점점 우리 생활 깊숙이, 그리고 가까이 들어와 있다. 스마트폰의 시리SIRI나 구글 어시스턴트Goggle Assistant 같은 AI 비서, 기가 지니GIGA Genie 및 누구NUGU와 같은 AI 스피커, 구글 포토Google Photo처럼 사진 백업 서비스에서 지원되는 카테고

리별로 정리된 사진첩 등 매일 사용하는 서비스를 비롯해 AI는 다양한 분야에 적용되어 우리 삶을 보다 편리하게 해준다. AI 기술은 이제 현실적인 문제 해결 도구를 넘어 장애인, 어린이와 유아, 노인 등 사회적 약자에게 편의를 제공할 정도로 발전했다. 소프트웨어정책연구소의 추형석 선임연구원은 '이는 자연스러운 결과'라고 이야기한다. 인간의 인식·추론·판단을 대체하는 AI 기술은 장애로 인해 부족한 기능을 보완해줄 수 있기 때문이다.

마이크로소프트MS의 '시잉 AISeeing AI' 애플리케이션은 드라마 속 '눈길' 같은 시각장애인용 앱이다. 스마트폰 카메라에 비친 문자를 읽어주고 물건을 인식해 알려준다. 시잉 AI는 2017년 영어로 서비스를 시작했으며 2019년 네덜란드어, 프랑스어, 독일어, 일본어, 스페인어 등 5개 언어를 지원한다. 지금은 우리나라를 비롯한 70개국에서 사용할 수 있다.

시각장애인이나 청각장애인이 혼자서 민원안내 시스템 기기를 통해 필요한 업무를 볼 수 있을까? 대전시청과 대전의 지하철역 일부에선 가능하다. 이곳에는 시청각장애인도 편리하게 이용할 수 있는 '누리뷰'라는 민원안내 시스템이 도입되어 있다. 누리뷰에는 음성인식, 수어手語 번역, 가상현실 시뮬레이션, 시스템통합SI 등의 기술이 탑재되어 있다. 시청각장애인이 누리뷰에 음성 또는 수어로 민원정보를 문의하면 누리뷰는 음성 또는 3차원3D 수어 영상으로 정보를 제공한다.

AI가 돕는 분야는 또 있다. 초보 엄마들에게 가장 힘든 일 중 하나는 말 못 하는 갓난아이의 마음을 읽는 일일 것이다. 아기가 왜 자지러지게 우는지 알 수 없어 발만 동동 굴렀던 경험은 엄마라면 한 번쯤은 겪게 된다. 이제는 AI 기술 덕분에 조금은 수월하게 아이의 마음을 살필 수 있게 되었다. 아이의 울음소리를 분석해 왜 우는지를 알려주는 애플리케이션 '바뱌BABBA'는 인공지능 학습 방법의 하나인 딥러닝을 이용한 애플리케이션이다. 1,600여 명의 가정을 방문해 5만 시간 이상의 데이터를 수집해 구현한 이 애플리케이션은 90퍼센트 정도의 정확도를 자랑한다고 한다.

이외에도 코로나19의 장기화로 특별활동이 어려워진 아이의 언어 및 정서 발달을 돕기 위해 도입된 AI 로봇 알파미니(서울시는 매달 60개의 어린이집을 대상으로 8월부터 한 달 단위로 알파미니를 지원하고 있다) 등 우리 사회 곳곳에서 다양한 형태로 AI 기술이 활용되고 있다.

참고 문헌 및 자료

「사회적 약자를 향한 첨단 기술, 디지털 격차를 줄이다」, 《IT조선》, 2020년 10월 5일 | 「전문가 영역에서 다뤄지던 AI, 메인스트림 PC서 만나는 시대」, 《보드나라》, 2021년 7월 8일 | 「AI가 청각장애인에 수어로 민원정보 알려줘요」, 《한국경제》, 2021년 7월 5일 | 「아기 울음소리도 통역이 될까요」, 《경향신문》, 2021년 4월 4일 | 「사회적 약자를 위한 AI 기술」, 《서울신문》, 2017년 4월 10일 | 「KT 대구경북광역본부, 영덕군에 AI 반려로봇 보급한다」, 《파이낸셜뉴스》, 2021년 7월 29일 | 「네이버-서울시, 보육현장에 AI 로봇 투입」, 《전자신문》, 2021년 7월 21일

FACING

24

늘어나는 조부모 육아

ON AIR

아이들은 기억해줄까 20110912

나를 기억해주겠니

달큼한 젖 냄새, 시큰한 똥 냄새.
온 집안에 아기 냄새가 진동합니다.
나는 직장에 나가는 딸들을 대신해 50일 터울의 외손자 둘을 키우게 된 할아버지입니다.

분유를 타는 것도, 기저귀를 가는 것도, 아기를 업는 것도 서툴고 어설프기만 하지만
마음만은 첫아기를 낳은 젊은 엄마와 다르지 않습니다.
숫기 없던 내가 손자들 또래의 아이를 데리고 나온 동네 아이 엄마들에게 먼저 말을 건넵니다.

“아기 몇 개월 됐어요?”

집에만 있던 내가 유모차를 이끌고 여기저기, 지하철 원정을 나섭니다.
“오늘은 어디를 가볼까?”

물론 항상 좋기만 한 건 아니지요. 화장실도, 병원도, 산책도 뭐 하나 내 마음대로 갈 수 없고, 아내와 번갈아 다녀와야 하는 고단한 일상이죠. 가끔은 ‘나도 결국 늙어서 애나 보는구나!’ 하는 자괴감이 밀려오기도 합니다.
어느 날 신문 기사를 읽었는데 몹시 화가 나더군요. 신문에 글쎄, 이런 문장이 있지 뭡니까. ‘노인이 슬슬 아이를 보면서 텃밭을 가꾸어서 좋고.’
맙소사, 세상에 애를 ‘슬슬’ 보다니요.
무슨 그런 말도 안 되는 이야기를.

젊었을 땐 나도 아이가 저절로 크는 줄 알았죠. 일하느라 바빠서 내 아이들이 자랄 땐 시간을 충분히 보내지 못했습니다. 아마 그 시절의 아내에게 나는 육아 조력자가 아닌 돌봐야 할 또 하나의 대상이었을 거예요. 아내는 고군분투하며 4남매를 키워냈어요. 그야말로 '슈퍼 엄마'였지요. 그리고 아내는 이제 딸들을 위해 '슈퍼 할머니'가 되었습니다. 비록 진통제와 파스를 달고 사는 '슈퍼 할머니'일지라도 딸들에게 기꺼이 손을 내밀어주었습니다.

일, 육아, 가사라는 3중의 어려움에 시달리는 딸들.
권력이나 재력으로 아이들을 뒷받침해줄 수는 없지만,
정작 아이들 자랄 때는 따뜻한 아버지의 역할도 못 했지만
딸들의 육아만큼은 불안하게 하고 싶지 않았습니다.
그래서 우리 부부는 두 아이를 맡아 키우기로 했습니다.

어느 날 이제 막 조금씩 말을 시작한 아이들에게 물었습니다.

"얘야, 너는 누가 제일 좋으냐?"
"하버지!"

아이들은 기억해줄까요?
한때 우리가 서로에게 일등이었다는 사실을.

참고 문헌 및 자료

정석희, 『네가 기억하지 못할 것들에 대하여』, 황소자리, 2011

이 시대 학조부모의 육아

우아한 노을처럼 평화롭게 아름다운 황혼을 보낼 나이에 이 시대의 많은 할머니 할아버지가 다시 육아 전선에 뛰어들고 있다. 일명 황혼육아.

조부모의 양육 도움은 사실상 맞벌이 부부가 아이를 키울 수 있는 거의 유일한 방법에 가까운 것이 현실이다. 통계청 자료에 따르면 우리나라 맞벌이 가구 비율은 해마다 늘어 2019년 기준 30~39세는 50.2퍼센트, 40~49세는 54.2퍼센트다. 정부가 시설 중심의 공공보육을 확대하고 아이돌보미와 같은 공식적인 개별양육정책을 내놓고는 있지만 늘어가는 맞벌이 가정의 수요를 모두 채우기에는 아직 부족하다. 그 부족한 부분은 대부분 조부모 양육이 채우고 있다. 육아정책연구소의 〈2018년 보육실태조사〉에 따르면 대리 양육자 중 조부모 양육의 비율은 84.6퍼센트에 달한다. 보육 및 교육기관에 다니더라도 돌봄 공백은 대부분 조부모가 책임지고 있다. 보건복지부의 〈2017 어린이집 이용자 만족도 조사〉에 따르면 어린이집 등·하원 전후로 부모 이외 혈연관계 양육자가 있는 아동은 26퍼센트고, 그 중 96퍼센트가 조부모 양육자로 조사됐다.

젊은 사람에게도 쉽지 않은 게 육아다. 손자를 돌보는 할머니 할아버지가 느끼는 가장 큰 어려움은 어떤 점일까? 2018년 〈미래에셋 은퇴 라이프 트렌드 조사 보고서〉에 따르면 손자를 돌보는 조부모에게 제일 힘든 점은 '체력적 한계(55.6퍼센트, 중복응답)'였다. 손목을 많이 사용해 생기는 '손목터널증후군'은 아이를 많이 안아주는 사람들에게 발병해 일명 '손자병'이라고 불리는데 실제로 환자 중 75퍼센트가 50대 이상 여성 환자라고 한다.

게다가 아이들과 종일 시간을 보내거나, 아이가 어린이집이나 유치원에 가더라도 아이들의 스케줄에 매여 있다 보니 자신의 시간을 갖지 못해 우울해하는 경우도 많다. 육아정책연구소의 〈2018년 보육실태조사〉에 따르면 황혼육아 조부모의 61.6퍼센트가 주 5일 육아 노동을 경험한다고 전했다. 10명 중 1명은 주 7일, 하루 평균 7.87시간 육아 노동환경에 놓인다고 한다. 또한 부모와 조부모 간의 양육방식의 차이로 인한 스트레스 또한 크다.

조선일보와 윤영호 서울대 의대 교수팀이 2021년 3~4월, 전국 만 19세 이상 국민 1,000명을 상대로 〈일반 국민의 임신 육아에 대한 조사〉를 실시한 결과, '임신과 육아로 가정에서 심각한 위기를 겪고 있다는 데 공감하는가'라는 항목에 60대의 92.8퍼센트가 '공감하거나 매우 공감한다'고 응답했다. 이는 30대 88.8퍼센트, 40대 91.4퍼센트보다 높은 응답률이다. 조부모 세대가 얼마나 자녀의 임신과 육아에 부담을 느끼고 있는지를 단적으로 보여주는 조사라고 할 수 있겠다.

육아를 대신하는 할마(할머니+엄마), 할빠(할아버지+아빠)를 넘어, 손자들의 교육까지 책임지는 학조부모(학부모+조부모)라는 신조어까지 나올 정도로 조부모 육아는 이미 보편화된 일이다. 갈수록 조부모의 육아 비중은 높아지고 있지만 육아 고충을 해결할 만한 뚜렷한 방법이 없어 보인다. 우리 시대의 조부모는 사회 시스템의 부재를 몸으로 메우고 있는 셈이다.

정부의 조부모 양육 지원, 육아 프로그램 등 정책적인 지원과 함께 가정 내에서도 조부모의 스트레스와 부담을 줄여줄 수 있는 방안을 함께 고민해야 한다. 그리고 무엇보다 가정에서, 그리고 사회적으로 우리 사회의 중요한 역할을 맡는 열혈 황혼육아 할머니 할아버지에게 존경과 감사의 마음을 표해야 하지 않을까?

참고 문헌 및 자료

정석희, 『네가 기억하지 못할 것들에 대하여』, 황소자리, 2011 | 〈SBS스페셜 황혼육아-할머니의 전쟁〉, SBS | 「황혼 육아에 60대 허리 휜다… 93% "임신·육아로 가정 위기"」, 《조선일보》, 2021년 6월 22일 | 「"결혼한 딸 'AS'에 등골 휘어요"…황혼육아 떠밀리는 노년층」, 《서울경제》, 2019년 11월 8일 | 「[WAR킹맘] 맞벌이와 함께 늘어나는 황혼육아…등골 휘는 '할마·할빠'」, 《이데일리》, 2018년 12월 31일 | 「젊은 부모들 못지않은 '할빠·할마'의 황혼 육아」, SBS, 2017년 7월 15일

FACING

25

우리의 지구가 위험하다

ON AIR

말도 없이 글도 없이 20220718

Climate Stripes

기후줄무늬가 알려주는 위기

virgulatus(형용사) **줄이 있는**

varius(형용사) **다양한, 잡종의**

중세에 라틴어 'virgulatus'와 'varius'는 동의어로 쓰였다. 즉, 줄무늬란 '불순한 것'으로 여겨졌다. 줄무늬가 트레이드마크인 얼룩말은 '잔인한 동물' 또는 '악마의 지배를 받는 동물'로 여겼다. 유대인, 광대, 사형집행인, 나병 환자, 매춘부 등 당시 사회질서를 교란한다고 생각되는 이들에게는 줄무늬를 입혔다. 불순한 것과 그렇지 않은 것을 구분하기 위해서였다. 당시 줄무늬는 필요

때문에 만들어진 일종의 기호였으며 낙인된 무늬였다.

하지만 오늘날엔 다르다.
줄무늬는 멀리에서도 잘 보인다.
쉽게 눈에 들어오는 두 가지 이상의 색깔을 교차로 배치해 강렬하게 대비되는 시각적 효과가 있다.
그 무늬는 주의를 필요로 하는 곳에 두루 사용되고 있다.

최근 줄무늬에 새로운 뜻이 담기기 시작했다. 지구를 지키고 보호하기 위해 2019년 세상에 모습을 드러낸 줄무늬가 있다. 바로 **기후줄무늬**Climate Stripes.
1850년부터 최근까지의 기후변화를 나타내는 이 줄무늬는 세로줄 하나가 1년을 의미하고 전체 평균보다 연평균 기온이 높으면 빨강, 낮으면 파랑으로 표시된다.
전체 평균과 차이 나는 정도에 따라 색이 짙어지고 옅어진다. 설명이 없고 숫자도 없고 그래프도 없는 단순한 시각자료이지만 기후위기의 심각성을 한눈에 보여준다.
지금껏 본 기후 자료들과 구분되고 직관적으로 쉽게 들어온다.

"기후변화를 설명하고 입증하는 데 사용되는
과학적 데이터는 매우 중요하지만 때로는 해독이 어려울 수 있다.
이것이 기후줄무늬를 만든 이유다."

— 에드 호킨스, 기후학자

이 줄무늬가 지키고 보호하려는 것은 바로 '우리'다.
어디 사는 누구라도 지구온난화의 영향에서 벗어날 수 없다.

"거의 모든 국가와 지역에서 최근 수년간 줄무늬가
빨간색으로 바뀌었다.
특히 북극 지역 가열화는 전 세계 평균과 비교해
2배 이상 빠르다."

— 세계기상기구(WMO)

2050년이면 인류가 멸망할지도 모른다고 한다. 그 경고가 뜻하는 것은 영화처럼 한순간에 사라지는 결말이 아니다. 재해와 기근, 질병, 죽음은 서서히 늘어날 것이다. 기후줄무늬의 고통의 붉은색은 점점 짙어지고 있다. 색을 바꿔야 한다.

"나는 이것이 기후에 대한 대화를 시작하는 것뿐 아니라 인식을 높이는 훌륭한 방법이라고 생각했어요."

— 자동차에 기후줄무늬를 입힌 마크 핸슨

사람들은 기후줄무늬를 사용해 지구온난화의 위험을 알린다. 기후줄무늬를 입힌 전기자동차와 독일 프라이부르크의 트램, 기후줄무늬를 활용한 페스티벌 무대 장식. 미국은 파리기후변화협약에 복귀하는 의미로 국기를 특별히 개조한 깃발을 만들기도 했다. 말이 통하지 않아도 글을 쓰지 않아도 지금의 위기를 잊지 않게 일깨워 주고 변화를 촉발하는 데 도움을 줄 수 있다. 오직 줄무늬만으로.

#showyourstripes(너의 줄무늬를 보여줘)

참고 문헌 및 자료

미셸 파스투로, 『악마의 무늬 스트라이프』, 강주헌 옮김, 이마고, 2002 | 「이 예쁜 줄무늬는 기후위기 심각성을 나타낸다」, 《뉴스펭귄》, 2021년 6월 23일 | 「박상익의 역사 읽기—줄무늬의 역사」, 《출판저널》, 2007년 11월호 | 「#ShowYourStripes: how climate data become a culture icon」, The Conversation, 2019년 9월 18일 | 「Why this climate change data is on flip-flops, leggings, and cars」, Vox, 2019년 5월 30일

아이들과 지구의 내일을 위해

지난 3년은 지구촌에 유난히 가혹한 해였다. 코로나19뿐만 아니라 기후변화로 인한 자연재해가 끊이질 않았다. 유럽에서는 독일과 벨기에 등에서 발생한 대홍수로 많은 사상자와 실종자를 냈으며 미국과 캐나다는 섭씨 40도가 넘는 폭염에 시달렸을 뿐만 아니라 그에 따른 화재도 빈번했다. 중국 허난성에서는 단 3일 동안 한 해치 강수량에 해당하는 비가 내려서 많은 사상자와 이재민을 냈다. 우리나라도 마찬가지다. 2021년에는 기상관측 이래 가장 높은 기온을 기록한 역대급 폭염으로 고통스러운 여름을 보내야만 했다. 전문가들은 이러한 자연재해가 기후변화와 관련이 있다고 밝혔으며 적극적으로 조치를 취하지 않는다면 인류는 공멸하고 말 것이라고 경고한다.

2021년 8월, IPCC(유엔 산하 기후변화에 관한 정부 간 협의체)는 기후변화에 대한 포괄적 분석과 인류의 행동 방침을 담은 6차 보고서를 발간했다. 보고서에 따르면 2003년부터 2012년 사이 지구 기온은 산업화 이전 대비 0.78도 상승했지만 2011년부터

2020년까지 지구 기온은 1.09도 상승했다. 이산화탄소 농도는 391ppm에서 410ppm으로 늘어났다. 또한 지구 온도가 1.5도 상승하는 시점이 2030년에서 2052년 사이일 것으로 내다봤다. 그런데 최근 10년 정도 앞당겨져 2040년 전에 1.5도 상승할 것이라고 전망했다. 불과 3년 만의 일이다. IPCC 6차 보고서에는 이런 급격한 상승이 대부분 인간의 활동으로 생겨났음을 지적했다. 이런 기후위기의 상황에서 우리는 무엇을 해야 할까?

> "민망하지만 '기후변화를 막기 위해 개인이 할 수 있는 일이 무엇일까?'라는 질문에 나는 '아무것도 없다'라고 대답한다. 당신이 할 수 있는 일은 아무것도 없다."
>
> — 나오미 클라인, 저널리스트·환경운동가

캐나다 출신의 저널리스트자 환경운동가인 나오미 클라인Naomi Klein의 이야기이다. 물론 이는 환경을 위한 개인의 활동이 무의미하다고 이야기하는 것이라기보다는 우리 앞에 닥친 위기는 '개인'이 아닌 우리 '모두'가 힘을 합쳐야만 극복할 수 있음을 뜻한다. 지금이야말로 교과서에서 배운 지구촌의 의미를 되새길 때다.

이런 기후위기 앞에서 가장 걱정되는 것은 아이들의 미래

'기후변화를 막기 위해
개인이 할 수 있는
일이 무엇일까?'라는
질문에 나는 '아무것도
없다'라고 대답한다.
당신이 할 수 있는 일은
아무것도 없다.

YSTEM
HANGE
OT
MATE
NGE

다. 유니세프(유엔아동기금)의 〈기후위기는 아동의 위기〉라는 제목의 보고서에는 세계 각국의 아동이 폭염, 홍수, 가뭄, 대기오염 등에 얼마나 취약한지에 대한 분석이 담겨 있다. 보고서에 따르면 전 세계 아동 22억 명 중 절반에 해당하는 10억 명이 극도로 오염된 국가에 살고 있다고 한다. 위험요인별로 살펴보면 전 세계 아동 20억 명은 대기오염에, 9억 2,000만 명은 물 부족에 시달리고 있고, 8억 2,000만 명은 폭염에 노출되어 있다. 또 3억 3,000만 명은 하천 홍수, 2억 4,000만 명은 해안 범람, 6억 명은 말라리아나 뎅기열 같은 질병에 노출된 것으로 나타났다. 기후위기는 아이들에게 더 영향이 클 수밖에 없다. 아이들은 신체적으로 성인보다 취약한 데다 앞으로 살아갈 날이 더 많이 남아 있기 때문이다. 유니세프의 보고서에 따르면 아동은 홍수, 가뭄, 폭염과 같은 충격을 견디기 어렵고 독성 물질 노출에 있어서 성인보다 더 많은 영향을 받는다. 또한 기후변화로 악화될 가능성이 높은 질병에 의해 사망할 위험이 높다. 아이들에게 한없이 미안해지는 대목이 아닐 수 없다.

절망적인 환경보고서 앞에서 한숨만 쉬고 있기에는 시간이 부족하다. 환경운동가 나오미 클라인은 『미래가 불타고 있다』를 통해 지금 지구가 처한 기후위기를 집에 불이 번져 가는 상황에 비유했다. 불길이 커지는 동안 우리가 아무것도 하지 않는다면 어떻게 될까? 시간이 지나면 지날수록 작은 불은 큰불이 되어 가고 불길의 온도는 치솟을 것이다. 그리고 집은 마침내 무너져버리고 말 것이다. 눈앞에 불이 난 상황에서, 당장 치솟아오르는 불길 앞에서 아무것도 하지 않을 사람은 아무도 없을 것이다. 이제 불을 끄기 위해 행동해야 할 때다.

참고 문헌 및 자료

나오미 클라인, 『미래가 불타고 있다』, 이순희 옮김, 열린책들, 2021 | 「3일 동안 작년치 강수량 내려… 中 기록적 폭우」, 《동아일보》, 2021년 7월 27일 | 「폭염: '최악의 여름이다'... 지구촌 곳곳 이상 기후로 몸살」, 《BBC News》, 2021년 7월 29일 | 「[KISTI 과학향기] IPCC 6차 보고서, 위기의 지구 진단하다」, 《전자신문》, 2021년 9월 6일 | 「세계 어린이 10억 명, 기후변화로 극한 위험에 내몰렸다」, 《한겨레》, 2021년 8월 23일 | 「기후변화, 이래도 피부에 안 와닿는다고?」, 《한겨레》, 2021년 8월 15일 | 「인류 최악의 재앙 '기후변화'… 지구가 살 길은?」, 《세계일보》, 2021년 3월 27일 | 「'기후 보고서'에 화들짝…"더이상 행동 지체 안 돼" 한목소리」, 《News1》, 2021년 8월 9일

BECO

PART

5

부모가
된다는 것

MING

완벽해지려고 하지 마라

부정적 대물림을 끊어야 한다

다시 키워주세요

BECOMING

26

완벽해지려고 하지 마라

ON AIR

완벽주의에 대하여 20210811

BURNOUT
SYNDROME

번아웃 증후군

일에 몰두하다가 에너지가 다 소진되어 무기력해지는 상태,
번아웃 증후군.
직장인 3명 중 2명이 경험한다고 한다.

영국 요크 세인트존대학교 앤드루 힐Andrew Hill 교수는
번아웃의 원인 중 하나는 완벽주의라고 지적했다.
어떤 일이든 결함 없이 완벽함을 추구하는 완벽주의는
3가지 종류로 나뉜다. 스스로 완벽을 추구하는 자기 지향
완벽주의, 다른 사람에게 완벽을 요구하는 타인 지향
완벽주의, 다른 사람에게 완벽한 사람으로 보이길 원하는

사회적 완벽주의가 그것이다.

시대가 변할수록 완벽주의 성향의 사람들이 점점 늘고 있다. 영국의 요크 세인트존대학교가 2018년 발표한 미국, 영국, 캐나다 대학생 4만 명의 완벽주의 성향을 조사한 연구에서 1989년과 2016년을 비교한 결과, 자기 지향 완벽주의는 10퍼센트 증가했고 타인 지향 완벽주의는 16퍼센트 증가했다. 그런데 같은 기간 사회적 완벽주의는 33퍼센트나 증가했다.

성과를 통해 자기 가치를 평가받기 위해
완벽주의 성향이 증가하게 된다.

— 토머스 쿠란, 바스대학교 교수

각자 도생 사회는 각자의 능력을 중요시한다.
사회의 요구는 부모의 기대로 이어지고, 아이들은 부모의 기대를 충족시켜야 사랑받을 수 있다고 믿게 된다. 더 좋은 성적을 얻고 더 좋은 회사에 들어가고 더 좋은 성과를 내야 하는 '더, 더, 더'가 강조되는 사회.

“완벽주의자들은 타인의 기대에 부응함으로써 자신에 대한 부정적인 평가를 피하려 한다.”

— 이동귀, 연세대학교 심리학과 교수

같은 길을 끝없이 오르내려야 하는 시시포스의 형벌처럼
절대 도달할 수 없는 완벽주의 성취 기준,
완벽주의도 사회가 강요하는 시시포스의 형벌 같은 건
아닐까?

참고 문헌 및 자료

Thomas Curran & Andrew P. Hill, 「Perfectionism Is Increasing Over Time: A Meta-Analysis of Birth Cohort Differences From 1989 to 2016」

호흡을 맞추고 멀리 보자

가수 장윤정은 방송을 통해 '완벽주의 성향이 강해 힘들다'라고 고백한 바 있다. 두 아이의 엄마로 일과 육아를 다 잘하고 싶어 균형을 맞추는 게 가장 힘들다고 이야기했다. '한창 활발하게 일할 나이인 동시에 아이들에게는 부모가 제일 필요한 때이지 않냐'는 게 그녀의 말이다. 비단 장윤정뿐일까? 일과 육아, 살림과 육아를 다 완벽하게 해야 한다는 강박에 스트레스를 호소하는 부모들이 적지 않다.

정신건강의학과 전문의인 정우열은 『엄마만 느끼는 육아감정』을 통해 갓 태어난 아이가 부모의 도움 없이는 아무것도 할 수 없는 연약한 존재인 것처럼, 엄마 역시도 엄마로서는 갓 태어난 미흡하고 연약한 존재라고 이야기한다. 그런데 문제는 갓난아이처럼 엄마 또한 '갓난 엄마'임을 인정하지 않고 아이가 태어나면 한순간에 완벽한 엄마의 역할을 시작해야 한다고 착각하는 데 있다고 한다.

아이 문제에 있어서 '대충'이란 존재하지 않는 엄마들이 많다. 내 소중한 아이를 '완벽하게' 키우겠다는 생각으로 철저하게 준비하고 꼼꼼하게 계획해 육아에 돌입한다. 육아가 처음이니 모르는 것투성이고 실수가 있을 수밖에 없는데 자신의 실수를 용납하지 못하고 자책한다. 일하는 엄마 같은 경우에는 '일한다는 이유로 아이의 어떤 부분도 희생시키고 싶지 않다'는 바람으로 일도 육아도 완벽하게 해내야 한다는 강박관념을 가지고 있는 경우가 많다.

회사 생활을 하지 않는 경우도 마찬가지다. '나는 워킹맘들보다 더 잘 키워야 한다'는 강박이 생긴다. '집에 있으니 늘 집은 깨끗해야 하고 완벽한 영양소로 구성된 식단을 준비해야 한다'는 강박에 사로잡혀 자신을 채찍질한다. 하지만 모든 일이 그렇듯, 육아에 있어서 정답은 없다. 반드시 그래야 하고 꼭 해야 하는 것은 없다.

심리학자 칼 로저스Carl Rogers에 의하면 '반드시', '당연히', '절대로', '꼭' 등의 당위적 신념이 적을수록 행복하다고 말했다. 이러한 당위성들은 결국 완벽주의와 강박 성향으로 이어지기에 정신건강에 결코 좋은 영향을 줄 수 없다. '아이에게 완벽한 부모가 돼야 한다는 강박관념을 가지고 있는 슈퍼 맘은 우울증에 걸리기 쉽다'고 한다. 이는 미국 미시간대학교 토머슨 박사 연구팀이 113명의 여성에게 우울증 여부 및 엄마로서의 삶에 얼마나 만족하는지에 대한 설문조사 결과였다.

『완벽하지 않아도 괜찮아』라는 책을 펴낸 칼럼리스트 박미라는 양육이란 '완벽하지 않은 부족한 엄마와 더 부족한 아이가 뒤뚱거리면서 서로 만나는 과정'이라고 표현했다. 육아는 잠깐 뛰는 단거리 달리기가 아니다. 아이와 오랜 시간을 함께 뛰어야 하는 장거리 경주에 가깝다. 처음부터 내 몸의 온 에너지를 다 쏟아 전력 질주하기보다는 아이와 엄마가 발걸음과 호흡을 맞춰 넘어지지 않고 뛰는 것이 더 중요하지 않을까? 번아웃 증후군은 일에만 해당하는 게 아니다. 지나친 육아 완벽주의도 번아웃 증후군을 일으킬 수 있다. 이에 따른 부작용은 고스란히 아이의 몫이 되어버린다.

참고 문헌 및 자료

정우열, 『엄마만 느끼는 육아감정』, 팬덤북스, 2015 | 박미라, 『완벽하지 않아도 괜찮아』, 휴, 2017 | 「'해방타운' 장윤정 "완벽주의 성향 강해 힘들다" 고충 토로」, YTN, 2021년 8월 2일 | 「'육아+일' 슈퍼맘, 우울증 걸릴 확률 ↑」, 《파이낸셜뉴스》, 2014년 6월 12일 | 「엄마인 당신의 마음은 건강한가요?」, 《매일경제》, 2018년 2월 5일

BECOMING

27

부정적 대물림을 끊어야 한다

ON AIR

당신의 감정 기억 20200728

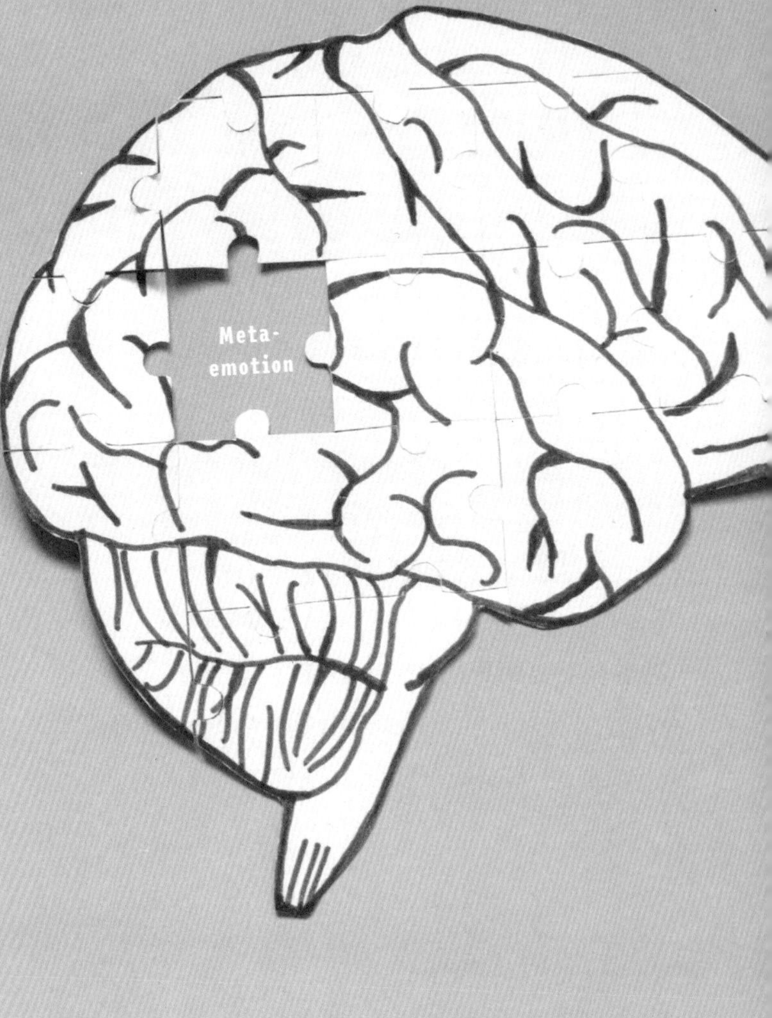
Meta-
emotion

감정 속의 감정

이런 기분을 느껴본 적 있나요?
상사나 동료의 별것 아닌 행동에 분노가 치밀었던 적,
어떤 특정한 소리가 유난히 싫고 거슬렸던 적,
아무것도 모르는 아이를 혼내고 화가 난다는 사실 자체가 슬펐던 적.
특히 육아 상황에서 자주 나타나는 '어떤 감정'.

여기 밥을 잘 안 먹는 아이가 있습니다.
"제발 한 입만 더 먹어, 응?" 하고 아이를 따라다니며 밥을 먹이려는 엄마와 "나이가 몇 살인데 아직까지 떠 먹여줘?"

배고플 때까지 그냥 놔두라는 아빠. 같은 상황이지만 둘은 다른 반응을 보입니다.

유산 경험이 있는 엄마 감정의 속내는 이렇습니다.
'아이가 밥을 잘 안 먹어서 아프면 어떡하지?'

생활력이 없는 아버지를 둔 아빠 감정의 뒷면은 이렇지요.
'독립적이고 강해야만 살아남을 수 있어.'

감정 속에는 또 다른 감정이 숨어 있습니다. 나조차 몰랐을 수 있는 나의 마음이 감추어져 있습니다. 초감정Meta-emotion이란 자신이 느끼는 감정에 대해 느끼는 감정을 말합니다. 이는 주로 어린 시절의 경험에서 기인합니다. 이는 1996년 세계적인 심리학자 존 가트먼John Gottman이 정의 내린 심리학 개념으로 초감정은 상대방의 감정을 있는 그대로 보지 못하게 합니다. 우리가 어떤 상황에 필요 이상으로 민감하게 반응한다면, 아이에게 험한 말이 나가고 육아가 마음처럼 되지 않는다면, 어쩌면 당신은 초감정의 영향을 받는 것일 수 있습니다.

존 가트먼은 더 나은 부모가 되는 방법으로 '내 안에 있는 초감정 이해하기'를 제안합니다.
아이가 우는 것은 무언가가 슬프거나 상황이 불편할 뿐인데 "얘가 대체 왜 울지?", "내가 어떻게 해야 하지?", "나보고 어쩌라고?" 엄마에게 초감정들이 밀려옵니다. 짜증, 분노, 무기력감 등 어릴 적에 받은 정서적 상처, 어른이 되고 깊숙이 숨어버린 '어떤 감정.' 그 감정의 기억들이 엄마, 아빠가 되면서 깨어납니다.

내 아이를 위해, 내 감정을 위해 가슴속 울고 있는 당신의 감정 기억을 만나야만 합니다.
국제심리치료 전문가 최성애 박사는 부모가 된 당신이 잊고 있었던 '감정 기억'을 찾아내야 하는 이유에 대해 이렇게 이야기합니다.

"부모와 자녀가 서로를 선택할 수는 없다.
하지만 초감정으로 인한 부정적 대물림을 끊는 것은
부모의 선택에 달려 있다."

— 최성애 박사, 국제심리치료 전문가

참고 문헌 및 자료

최성애, 조벽, 존 가트맨, 『내 아이를 위한 감정코칭』, 해냄, 2020 | 정우열, 『엄마만 느끼는 육아감정』, 팬덤북스, 2015

BECOMING

28

다시
키워주세요

ON AIR

다시 키워주세요 20220125

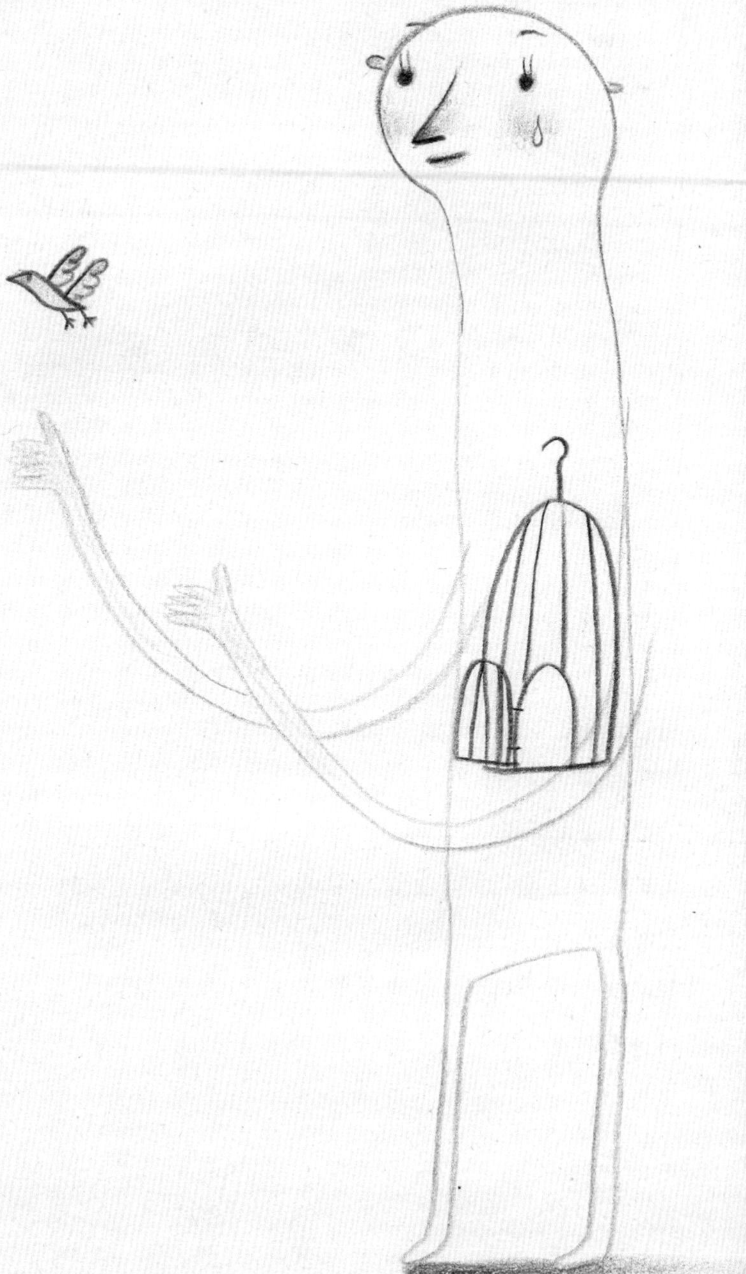

나의 내면 아이

아이란

참 작고 잘 웃고 잘 울고 실수도 많고

상처도 잘 나기 때문에 눈을 뗄 수 없다.

어떻게 해야 잘 키울 수 있을까?

아이가 슬퍼할 때, 화낼 때, 괴로워할 때, 외로워할 때,

슬퍼도 되고, 화내도 되고, 괴로워도 되고, 외로워도 된다고

감정을 있는 그대로 인정해준다.

친구랑 놀기, 강아지랑 산책하기, 좋아하는 책 읽어주기,

마음껏 쉬기.

하루 한 시간은 하고 싶은 건 뭐든 하기로 정하고
작은 약속이라도 매일 지켜준다.
지금 하고 싶은 게 무엇인지, 지금 먹고 싶은 게 무엇인지,
지금 보고 싶은 게 무엇인지, 지금 듣고 싶은 게 무엇인지,
원하는 것이 무엇인지 물어보고
무언가 하고 싶은 그 마음을 존중해준다.
퍼즐을 맞출 때, 길에서 춤출 때, 그네를 탈 때, 새로운 것을 배울 때, 꽃을 가꿀 때, 무엇을 할 때 완벽하지 않아도 행복할 수 있는지 묻고 무엇도 바라지 않고 그저 즐길 수 있는 일을 찾아준다.

하지만 역시 쉽지 않다.
아이를 보살핀다는 것은 만만치 않은 일이다.

상처받은 내면 아이를 보살핀다는 것 또한 마찬가지다.
내면 아이란 이미 성인이 된 개인의 내면에 남아 있는
과거의 유아기적 모습을 뜻한다. 언제부턴가 나의 감정을 나도 모르겠고, 이유도 모른 채 슬퍼지고 자신이 하찮게 느껴질 때면 어린 시절의 경험으로 형성된 작은 내면 아이를 만난다.

시간이 흘러 몸은 자랐지만 채 다 자라지 못한 내면의 아이.
잘못 키워진 것은 되돌릴 수 없다는 생각에 무력감과
좌절감에 빠진다.
하지만 양육은 아직 끝나지 않았다.

"내면 아이의 상처를 치유하는 방법은
이제라도 어렸을 때 얻지 못한 모든 것을
자기 자신에게 주는 것입니다.
자신이 어렸을 때 갖지 못했던
현명한 부모가 되어 주는 것이죠."

— 니콜 르페라, 임상심리학박사

우리는 우리 스스로 타인에게서는 결코 얻을 수 없었던
사랑과 동의를 자기에게 베푸는 과정인 '재양육'을 스스로
할 수 있다. 내면 아이에게 현명한 부모가 되는 방법은
앞에서 먼저 본 아이를 돌보는 방법과 다르지 않다.

첫째, 감정을 있는 그대로 인정해준다.
어린 시절 무시당하고 외면했던 감정을 늦게라도
인정해준다.

둘째, 작은 약속이라도 매일 지켜준다.
쉽게 어겨지던 약속에 상처받은 어린 시절의 나와 내적 신뢰감을 키운다.

셋째, 무언가 하고 싶은 그 마음을 존중해준다.
억눌려온 욕구에 귀를 기울여주고 자신을 소중히 여기도록 해준다.

넷째, 무엇도 바라지 않고 그저 즐길 수 있는 일을 찾아준다.
순수하게 행복한 순간을 찾아 아이다운 몰입감을 느껴본다.

소중한 어린 시절은 지났고
시간을 되돌릴 수는 없지만
내 안의 '내면 아이'는 남아 있다.
그리고 사랑받으며 자랄 수 있는 기회가 여전히 있다.

참고 문헌 및 자료

니콜 르페라, 『내 안의 어린아이가 울고 있다』, 이미정 옮김, 웅진지식하우스, 2021 | 허지원, 『나도 아직 나를 모른다』, 김영사, 2020

상처받은 나와 마주해보자

"나는 지나간 나의 어린 시절을 돌려받고 싶다.
이미 오래전에 떠나가 버린 지난 어린 시절의 아이,
그 아이가 지금도 내 안에 살고 있다."

미국의 작가인 로버트 풀검Robert Fulghum의 시 〈가장 받고 싶은 선물〉의 한 부분이다. 시인의 말처럼 우리 마음속에는 '아이'가 하나 살고 있다. 심리학 용어로는 이 아이를 '내면 아이'라는 말로 부른다. 내면 아이는 '어린 시절 받은 상처 등으로 인해 여전히 성장하지 못한 상태로 있는 자아'라는 뜻이다.

부모는 자신이 가진 최고의 사랑으로 아이를 키우려고 노력한다. 부모의 부모도 그러려고 노력했을 것이다. 하지만 과연 '완벽한 사랑'이나 '완벽한 양육'이라는 게 존재하긴 할까? 과연 가족으로 인한 지난 상처가 없는 성인이 몇이나 될까? 『엄마에게 사랑이 아닌 상처를 받은 너에게』의 저자 찰스 화이트필드Charles L. Whitfield는 '상처받지 않은 내면 아이를 품고 사는 사람은 5퍼센트 정도 될 것'이라고 예상했다. 상처받은 내면의 아이를 품고 사는 사람이 훨씬 많다는 이야기이다.

'내면 아이'는 부끄럽고 숨겨야 할 나의 치부가 아닌, 인정하고 받아들여야 할, 그리고 다른 사람이 아닌 바로 내가 보듬고 사랑해줘야 할 '나'이다. 찰스 화이트필드는 '내면 아이를 부정할 때보다 내면 아이를 인정하고 치유하는 과정이 더 어려울 수 있다'라고 말하며 '그럴 수밖에 없는 것이 내면 아이를 만나는 과정 자체가 혼란스럽고 두렵기 때문이다. 지금껏 진짜 나의 모습이라 여겼던 모습이 거짓이고, 오랫동안 부정하고 감추었던 내면 아이가 참 자아라는 것을 인정하는 게 쉬운 일은 아닐 것이다'라고 설명했다.

있는 그대로를 받아들이고 상처받은 나와 마주한다는 것이 쉬운 일은 아니겠지만 아무도 대신해줄 수 없다. 내면의 아이를 치유할 수 있는 존재는 오로지 '나' 하나뿐임을 잊지 말자. 나의 아픔까지도 수용하고 품을 수 있을 때, 그렇게 나 자신을 사랑하게 될 때 치유는 완성된다고 한다. 치유되지 않은 내면의 상처는 나의 가장 가까운 사람, 나의 아이에게 전이될 수 있다. 내면의 상처를 대물림하는 것만큼이나 원치 않는 결과가 또 있을까?

'내면 아이'는 부끄럽고
숨겨야 할 나의 치부가
아닌, 인정하고 받아들여야
할, 그리고 다른 사람이
아닌 바로 내가 보듬고
사랑해줘야 할 '나'이다.

"중요한 것은 내면 아이에게 '사랑스럽게' 말을 건네는 것이다. 약간 오버해도 좋다. 약간 오글거려도 좋다. 한번 해보자. 그때야 알게 된다. 내가 나에게 이해받고 사랑받고 있다고 느끼는 것보다 더 큰 행복은 없음을."

청소년 교육 수도회 살레시오수녀회 소속 김용은 수녀님이 쓴 『어쩌면 조금 외로웠는지도 몰라』의 한 구절이다. '내가 나에게 사랑받고 있다는 느낌'을 양육자 스스로 가질 때, 내 아이 또한 '자신을 사랑할 줄 아는 아이', '상처받지 않은 내면 아이'를 가진 아이로 자랄 수 있지 않을까? 아이만 사랑할 것이 아니라, 나 자신도 함께 사랑해야 할 이유로 충분하다.

참고 문헌 및 자료

김용은, 『어쩌면 조금 외로웠는지도 몰라』, 애플북스, 2017 | 찰스 화이트필드, 『엄마에게 사랑이 아닌 상처를 받은 너에게』, 김세영 옮김, 빌리버튼, 2021 | 「격려·지지하는 말로 '내면 아이' 돌봐요」, 《국민일보》, 2021년 3월 26일 | EBS 다큐프라임 〈당신이 화내는 진짜 이유〉 | 「알 수 없는 분노가 불쑥, 모두 '내면 아이' 탓입니다」, 《오마이뉴스》, 2021년 6월 18일 | 「우리 마음속에 존재하는 외로운 아이」, 《한국일보》, 2022년 2월 16일 | 「내면아이에게 말 건네기」, 《한겨레》, 2017년 9월 4일 | 「정여울 "내면 아이와 대화하면 더 나은 인간 될 수 있어요"」, 《연합뉴스》, 2022년 8월 31일

epilogue

살다,

ON AIR

2020을 살다-부모라는 이름으로 20201222

부모라는
이름으로

아무도 원하지 않았던, 아무도 예상치 못했던 코로나19.
우리는 그 시기를 함께 보냈습니다.
엄마라는 이름으로, 아빠라는 이름으로.

로라네

아빠의 아침은 새벽 6시 15분에 시작합니다.
15개월 된 로라는 꿈나라에 있는 시간이죠.
아빠는 주방을 정리하고 커피를 내려요.
육아하는 아빠에겐 이 시간이 가장 여유 있는 시간이죠.

루리네

오전 8시 18분, 루리 엄마도 하루를 시작합니다.
루리는 이제 막 뒤집기를 시작한 생후 6개월.
데구르르 굴러떨어지는 루리를 간신히 잡아 올렸습니다.
'휴, 다행이다.'
저는 광고대행사에서 일하는 워킹맘이에요.
오늘은 재택근무하는 날이죠.

로라네

대기업에 다니던 로라 아빠는 육아휴직 후 퇴사를 결정했어요.

직장인보다는 아빠로서 진급하고 싶었거든요.

경제적으로 힘든 시간도 있었지만

글도 쓰고 영상도 편집하며 삽니다.

아빠는 앞치마를 두르며 생각하죠.

'인생을 살면서 이렇게 나답게 살아봤던 적이 있었을까?'

루리네

오늘 루리 이유식은 버리는 게 더 많았습니다.

루리에게 이유식을 먹이느라 점심시간이 얼마 남지 않았어요.

덕분에 엄마는 불은 라면으로 점심을 해결하네요.

로라네

비상이 걸렸어요.

로라가 열이 납니다.

좋아하던 우유도 영 안 먹어요.

재난 경보처럼 하루종일 울리는 아이의 울음소리.

병원에 전화를 했어요.

"저희 아기가 15개월인데 고열이 있어요."

"몇 도 정도 되나요, 아버님?"

"39도요."

다행히 치료를 받을 수 있었고 열은 37.9도로 떨어졌어요.

"고생했다, 로라야. 집에 가자."

아이의 모은 손을 바라보며 아빠는 생각합니다.

'다시 열나지 않게 해주세요. 로라가 아프지 않게 해주세요.'

루리네

오후 6시.

루리 엄마는 칼퇴했고 동시에 육아 출근!

그렇게 오늘도 육아와 일을 모두 해냈습니다.

나는 엄마니까.

우리는 처음 부모가 된 순간을 잊지 못합니다.

루리가 태어나 '으앙' 하고 울었던 그때를.

아이가 태어났던 4시 14분을.

기쁨과 감격에 눈물이 나던 그 순간을 잊지 못합니다.

아이를 키우면서 우리도 성장하고 있어요.

우리 모두 부모라는 이름으로.

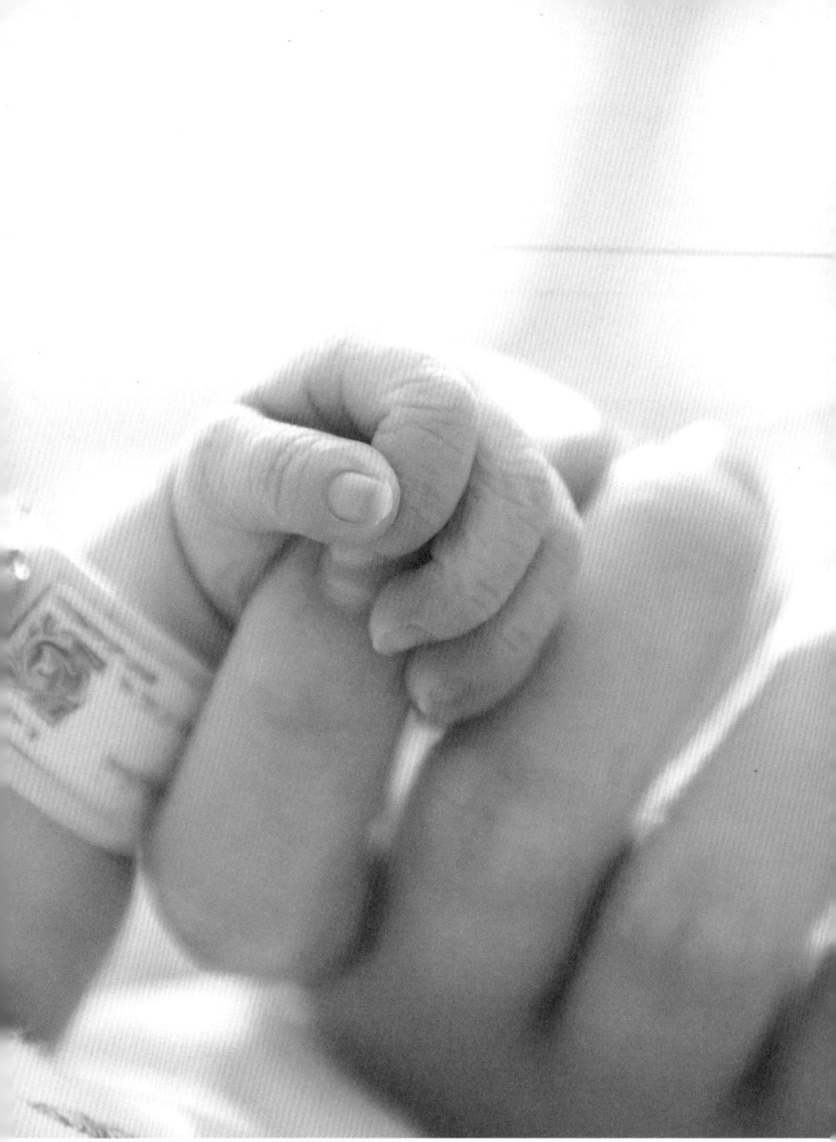

촬영 협조 및 자료 제공
오상욱, 한여울, 오로라 가족 | 이혜진, 이승훈, 이루리 가족

『EBS 지식채널ⓔ × 부모의 탄생』에 수록된 방송 및 구성작가

PART 1 LEARNING

돌이킬 수 없는 변화의 시작

생애 첫 20cm | 조혜지

핀란드의 실험 제2부 더 많은 차별 | 김이진

너와 나의 온도 차 | 조혜지

종일반 가족 | 정연숙

원시시대의 공동육아 | 이효진

PART 2 GROWING

모든 순간이 성장을 위한 밑바탕

그런 건 어디서 배웠니? | 조혜지

우리 같이 놀아요 | 조혜지

맛을 배우는 아이들 | 진세연

위험한 놀이터로 놀러 오세요 | 성지선

인간은 왜 태어나자마자 걷지 못할까 | 이효진

베이비 올마이티(Baby Almighty) | 조혜지

거짓말의 탄생 | 조혜지

공부하는 가족 | 은정아

PART 3 REALIZING

상처인 줄도 모르는 상처

말로도 때리지 마세요 | 조혜지

나는 누구인가요? | 김희정

EBS 지식채널 ⓔ × 부모의 탄생

1판 1쇄 발행 2023년 3월 31일

지은이 지식채널ⓔ 제작팀
해설 글 변혜진

펴낸이 김유열 | 지식콘텐츠센터장 이주희 | 지식출판부장 박혜숙
지식출판부·기획 장효순, 최재진, 서정희 | 마케팅 최은영 제작 윤석원
북매니저 정지현, 윤정아, 이민애, 경영선

책임편집 이승희 | 디자인 박대성 | 인쇄 ㈜재능인쇄

펴낸곳 한국교육방송공사(EBS)
출판신고 2001년 1월 8일 제2017-000193호
주소 경기도 고양시 일산동구 한류월드로 281
대표전화 1588-1580 | 이메일 ebsbooks@ebs.co.kr
홈페이지 www.ebs.co.kr

ISBN 978-89-547-7247-1 04300
ISBN 978-89-547-5415-6 (세트)